"Idioten på jobbet"

Hur man handskas med besvärliga och irriterande arbetskollegor

JONAS WÅRSTAD

FSC
www.fsc.org
MIX
Papper från
ansvarsfulla källor
Paper from
responsible sources
FSC® C105338

"Idioten på jobbet"

Hur man handskas med besvärliga och irriterande arbetskollegor

JONAS WÅRSTAD

"Idioten på jobbet": Hur man handskas med besvärliga och irriterande arbetskollegor

Tryck och förlag: BoD

ISBN: 978-91-7699-037-7

Förord av Traci Shoblom..1

Förord av Mitch Darnell..3

Författarens förord............... 5

Kapitel 1 Arbetsplatsrelaterade konflikter och stress —
          en historisk tillbakablick...7

Kapitel 2 Gnällmånsen..10

Kapitel 3 Pratkvarnen...13

Kapitel 4 Wannabe-chefen...18

Kapitel 5 Latmasken..21

Kapitel 6 Lustigkurren...24

Kapitel 7 Herr Nyfiken...31

Kapitel 8 Krypskytten..33

Kapitel 9 Herr Otrevlig..36

Kapitel 10 Herr Otrevlig (som ändå vill bli omtyckt)...................41

Kapitel 11 "Dumma" åsikter och kommentarer.........................43

Kapitel 12 De tre primitiva känslo-gensvaren..........................45

Kapitel 13 Herr Ilsk..49

Kapitel 14 "Oj hon gråter. Kan någon ta det?"..........................60

Kapitel 15 "Tjur-Pelle"...68

Kapitel 16 Sexprataren...76

Kapitel 17 Mobbaren..87

Slutord..88

Bonuskapitel 1 Var jobbsmart: Åtta steg som gör dig
                socialt smart på jobbet.................................89

Bonuskapitel 2 Att handskas med kritik........................104

Slutord..114

En kort självbiografi...115

Jonas Wårstad på nätet..117

Förord av Traci Shoblom

Psykolog, USA
www.ACESdecisions.com

Du sätter dig bakom ditt skrivbord och tittar i din kalender. Du suckar djupt när du ser att klockan 10 är det möte och den där idioten Rolf ska vara med. Just snyggt, tänker du. Han beter sig som om han vore chef, fastän han inte är mer chef än någon annan i rummet. Just då knackar Agneta på din dörr. Hon utbrister i klagande ton, "Har du sett hur de stökat till parkeringsplatsen? Jag menar, var har de fårskallarna tänkt sig att vi ska parkera egentligen? Kunde de inte ha väntat tills sommaren när de flesta här är på semester? Och har du sett hur de lämnat chefernas p-platser ifred? De är bara vi, de vanliga arbetarnas p-platser de stökat till!" Du önskar att Alice hade slutat klaga, men det känns som om det aldrig tar slut. Tänk om det bara fanns ett bra sätt att få tyst på hennes eviga klagande, dag ut och dag in.

Irriterande arbetskollegor kan bokstavligen förstöra din arbetsdag, även om ditt jobb i övrigt är ett riktigt drömjobb. De kan störa din produktivitet, skapa stress och oro, och till och med skapa problem så stora att det leder till rättegång.

I denna upplysande bok delar Jonas med sig av tips och tekniker för att faktiskt påverka kollegornas beteende, så att deras irriterande beteende kan stoppas eller minimeras. Det är en fantastisk känsla att faktiskt kunna påverka en kollegas beteende och därmed förändra din arbetsmiljö till det bättre.

Denna bok skiljer sig från mängden på så sätt att den sätter ett antal specifika "besvärliga" personlighetstyper under luppen, analyserar hur de tänker och erbjuder konkreta lösningar för hur man kan gå tillväga för att handskas med dem. Den ger oss verktyg att faktiskt göra någonting åt det.

Genom att använda dessa tips och tekniker förmås du, läsaren, handskas med irriterande arbetskollegor. Du får värdefulla färdigheter och redskap för att kunna handskas med alla möjliga olika personlighetstyper — och inte bara på jobbet utan även privat. För om du lär dig handskas med en ilsk hetsporre på jobbet kan du också möta din svärfars eller någon annans ilska på samma sätt. Det är genom sådana insikter som vi lär oss och växer, och kan skapa en bättre arbetsmiljö.

Det var med stor förtjusning som jag skrev förordet till denna bok, och jag rekommenderar den helhjärtat till alla. Det är också min förhoppning att Du får ut lika mycket av den som jag fick.

Förord av Mitch Darnell

Psykologiprofessor, psykoterapeut och
relationskonsulent, USA

Du vet säkert hur det kan kännas på jobbet — man känner
sig som en fånge för att man tvingas ha att göra med, öh,
"besvärliga" arbetskollegor (som vi egentligen skulle vilja
kalla något mycket värre!)

Jonas beskriver på ett inspirerande, insiktsfullt och
samtidigt lättförståeligt sätt hur man handskas med dessa
"besvärliga" arbetskollegor.

Läsaren får direkt en förståelse för de sociologiska faktorer
som ligger bakom de "besvärliga personlighetstyper" som
han redogör för. Man får en både djupgående och praktiskt
fungerande översikt över hur man handskas med besvärliga
arbetskollegor. Och man inser att man inte är ensam om
detta problem — och att det faktiskt *går* att få kontroll över
situationen med dessa till synes hopplösa arbetskollegor.

Läsaren får tillfälle att skratta, sucka och nicka
instämmande allteftersom han eller hon får läsa om "Herr
Nyfiken", "Wannabe-chefen", "Herr Otrevlig (som ändå vill
bli omtyckt)" och flera andra, och om vad deras egentliga
syfte är med deras beteenden och attityder.

Någon läsare kanske till och med själv känner igen sig i någon av dessa besvärliga personlighetstyper och beslutar att ändra sig till det bättre. Det enda sättet att få till stånd en sann förändring i livet är att först inse att vi överhuvudtaget har ett problem. Tyvärr är det så — vilket Jonas också påpekar — att de besvärliga personlighetstyperna själva inte inser att de är just besvärliga. Tvärtom kan de ofta hävda att alla eventuella jobbrelaterade problem är alla andras fel. De inser alltså inte att det är något fel med deras eget sätt att interagera med och relatera till andra, så det är inte alltid det lättaste att få dem att förändra sitt eget beteende och sin egen attityd.

Jonas menar inte att vi ska skuldbelägga dessa besvärliga personer eller brutalt påpeka deras brister för dem. Istället ska vi fokusera på att förändra vår egen attityd och framför allt vårt eget förhållningssätt — vad vi säger till dem, och hur. Hans effektiva tips kommer att förändra hur vi ser på dessa besvärliga människor, och därmed hur vi känner oss rent känslomässigt, och i bästa fall löser tipsen situationen helt och hållet.

Läsaren av denna bok får värdefulla insikter och effektiva metoder för att kunna handskas med en rad besvärliga personligheter — och inte bara på jobbet utan också i privatlivet.

Det var ett sant nöje att läsa Jonas bok och det var en ära att få skriva förordet. Jag rekommenderar boken å det varmaste. En dag på jobbet har plötsligt blivit både enklare och roligare!

Författarens förord

Jag skrev denna bok först på engelska och gav ut den i USA — därav de amerikanska experterna som skrev förorden. I denna svenska version valde jag en relativt provocerande boktitel: "Idioten på jobbet". Det är naturligtvis inte min avsikt att vara nedlåtande eller generellt kalla "svåra" personer idioter. Titeln var ett medvetet val; det är så som många uttrycker sig när de beklagar sig över en situation på jobbet: "Åh, den där idioten på jobbet". Jag ville helt enkelt att folk ska känna igen sig när de läser boktiteln.

Besvärliga människor på jobbet är inget nytt problem, men det har ändå inte tagits riktigt på allvar trots att det drabbar miljontals människor världen över. Problemen som dessa besvärliga personlighetstyper kan ställa till är alltifrån att pröva ditt tålamod och stjäla din dyrbara tid, till att göra din arbetsdag till ett rent helvete. De skapar stress hos dig och höjer ditt blodtryck, vilket i sin tur ökar risken för stressrelaterade sjukdomar — som faktiskt kan förkorta ditt liv!

Det finns visserligen lagar som reglerar det psykosociala arbetsklimatet, och i den bästa av alla världar tar din chef hand om alla eventuella besvärliga människor på jobbet som kan tänkas störa och distrahera dig. Men verkligheten ser tyvärr annorlunda ut. Chefer är ofta för upptagna, eller helt enkelt ovilliga eller oförmögna att hjälpa dig. Istället hävdar de att det är ditt jobb att ta itu med dina egna kollegor. Många vill också inte riskera bli sedda som svaga eller som en skvallerbytta som springer till chefen med dessa problem.

Det är därför jag skrev denna bok: För att ge dig redskap att handskas med sådana personer på egen hand. Jag lotsar dig igenom en rad besvärliga personlighetstyper som alla skapar unika problem för sina kollegor. Vi tar en seriös och psykologisk titt på hur dessa människor tänker och resonerar, och sedan får du förslag på smarta och strategiska sätt att på ett effektivt sätt handskas med situationen. För enkelhets skull har jag oftast valt "han" eller "de" när jag syftar på en besvärlig personlighetstyp. (Jag väljer medvetet bort den nyare, könsneutrala benämningen hen.) All information och alla metoder gäller dock båda könen.

Min grundövertygelse är i vilket fall som helst att alla på en arbetsplats har rätt att må bra psykiskt och känslomässigt och att känna sig respekterad. Många tillbringar ju en stor del av dagen på jobbet, så allt som kan bidra till större välmående på jobbet ger också automatiskt en bättre livskvalitet. Om alla på en arbetsplats mår bra får vi grupper som förblir starka och effektiva, och då får vi också blomstrande företag.

Det är min förhoppning att boken höjer just din livskvalitet, och att du känner att den är en god investering i ditt psykiska och emotionella välmående.

— *Jonas Wårstad*

Kapitel 1

Arbetsplatsrelaterade konflikter och stress — en historisk tillbakablick

I dagens moderna samhälle utgör individen vanligtvis en liten, specialiserad del och vi är väldigt beroende av varandra. Dagsschemat är fullpackat för att vi ska hinna med alla "måsten" både på jobbet och på fritiden. Samhället förser oss med allt från rent dricksvatten till skydd mot olika faror. Detta gör visserligen våra liv bekväma och fulla av möjligheter, men priset vi betalar är ofta åtta eller fler arbetstimmar fulla av konflikter och stress.

Men hur blev det egentligen så?

Låt oss börja från början. När människan övergick från att vara nomadjägare till jordbrukare som odlade grödor och använde djur inte bara som mat utan för att producera mjölk och ägg, fanns det ingen klar gräns mellan arbetstid och fritid. Människan var sin egen chef. Hon hade oftast gott om tid och var självförsörjande. Visst hade även livet på den tiden sina faror i form av sjukdomar, vilda djur, fientliga människor, stormar och misslyckade skördar; men livet var förmodligen relativt fritt från just konflikter.

Det vi idag menar med konflikter började när människan flyttade ihop i byar. De gjorde det av flera olika anledningar: Det var tryggt att vara många, i händelse av en invasion, men också för att människor kunde specialisera sig. Man kunde bli husbyggare, producera kött, odla grödor, etcetera. På så vis kunde man hjälpa varandra och byta varor istället för att bara producera det man behövde till sin egen familj.

Det fanns visserligen ingen direkt konkurrens inom själva gruppen (man var ju som en enda stor familj med ett gemensamt mål — att överleva) men i och med att fler arbetade tillsammans ökade också risken för konflikter. Vem arbetade mindre än de andra? Vem producerade undermåliga produkter? Konflikter inom familjen löstes oftast snabbt och enkelt för att en vuxen, oftast den äldste mannen, bestämde. Men med fler familjer involverade blev situationen en helt annan.

En av den främsta bidragande orsaken till arbetsplatsrelaterade konflikter är dock den industriella revolutionen. Bruken av ångkraft och senare elektricitet möjliggjorde massproduktion, vilket innebar en enorm förändring för mänskligheten. Många slutade jobba för sin egen och sina egna familjers del och blev istället anställda fabriksarbetare och började jobba för någon annan istället.

Som ett resultat tvingades de plötsligt in i en onaturlig gruppdynamik, vilket skapade förvirring på en biologisk-psykologisk nivå. Människor som hade lite eller inget gemensamt var plötsligt delaktiga i stora grupper bestående av individer vars enda gemensamma nämnare var att de arbetade för samma arbetsgivare. De som tidigare var familjemedlemmar var nu "arbetskollegor". Och visserligen arbetar de mot samma mål, men på en djupare nivå känns det inte som om de ingår i samma familj, för efter jobbet går alla hem till sin egen familj.

Nya begrepp som "chef" och "förman" ersatte det traditionella ordet ledare, vilket nu förlorade sin ursprungliga betydelse. Istället för att betyda en vis person som såg efter sin grupps bästa intressen var ledaren nu någon vars huvuduppgift var att tjäna så mycket pengar som möjligt åt företaget.

Tar man allt detta i betraktelse är det inte svårt att se varför konflikter lätt uppstår på dagens arbetsplatser.

Kapitel 2

Gnällmånsen

Somliga arbetskollegor har en väldigt negativ syn på livet. Men de nöjer sig inte med det utan utsätter dig för ett evigt gnällande och klagande och blir inte nöjda förrän de anser att du fullständigt håller med dem och är lika negativ som de själva är.

En del har till och med utvecklat en slug strategi för att få dig att fråga hur det är med dem: De ställer eller sätter sig nära dig, suckar djupt, för att därpå i ett deprimerat röstläge fråga dig "hur är det?". Avsikten är naturligtvis att du av artighet ska fråga dem detsamma. Men gör du det har du så klart med ens gått rätt in i deras psykologiska fälla, för då har du gett dem en anledning att börja sitt klagande.

Gnällmånsen lever helt i sin negativa världsbild. Han ser inget fel med sin världsbild eller i att dela med sig av den.

Han kan till och med se det som att han gör dig och andra en *tjänst* när han "upplyser er om sanningen".

Vad gnällmånsar dock inte inser är den negativa inverkan deras agerande har på andra. De slösar inte bara bort värdefull produktionstid på jobbet utan drar också ner andra emotionellt och psykologiskt. De är så kallade energitjuvar som kan dränera dig helt på din mentala energi.

Av den anledningen är det inte tillrådligt att "artighetslyssna" på en gnällmåns. Det gagnar varken dig eller honom. Ju mer du lyssnar desto mer dras ni båda ner i negativitetsträsket.

Man kan grovt dela in det en gnällmåns klagar på i två kategorier. Sådant han *kan* göra någonting åt (men uppenbarligen inte gör något åt) och sådant han *inte* kan göra någonting åt (som vädret, aktierna och mjölkpriset).

Om han klagar på något han *kan* göra någonting åt beror det ofta på att klagandet på något sätt håller hans inre stress i schack. Om han klagar på något han *inte* kan göra någonting åt kan det bero på att han, eller snarare hans rastlösa hjärna, inte har några "riktiga" problem att ta itu med utan istället väljer att gripa tag i och suga åt sig första bästa problem han hittar; eller kan det bero på att han har så många verkliga problem att ta tag i att det helt enkelt är lättare att fokusera på något han inte kan göra något åt.

Så vad gör du då när en gnällmåns utsett just dig till deras personliga klagomur?

Om han klagar på något han egentligen kan göra någonting åt:

Håll upp dina händer med handflatorna nedåt, ungefär i maghöjd och i axelbredd. Detta är kroppsspråk som signalerar till personen att lugna ner sig och/eller sluta prata. Avbryt samtidigt honom med ett bestämt "okej" (mitt i hans mening om så behövs) tätt följt av "så vad tänker du göra åt saken?" Ta ner dina händer, le vänligt och titta på honom som om du förväntade dig ett raskt svar. I många fall kommer detta att dra bort hans uppmärksamhet från problemet och indirekt tvinga honom att istället fokusera på en lösning. Skulle det inte hjälpa upprepar du bara stegen ovan så många gånger som krävs för att han ska sluta klaga. Om du följer denna metod varje gång han börjar klaga dröjer det säkert inte länge innan *han* börjar undvika *dig*!

Om han klagar på något han *inte* kan göra någonting åt:

Följ samma procedur som ovan, men istället för att vänta på ett svar från honom fortsätter du direkt med att säga, "Jag ska citera en gammal bön skriven av den amerikanske teologen Reinhold Niebuhr: Gud, giv mig styrka att acceptera det jag inte kan förändra, mod att förändra det jag faktiskt kan förändra, och klokhet att förstå skillnaden mellan dessa två ting." (Öva hemma tills du kan säga det utantill.) Om han får en djup insikt av det, jättebra! Om inte, kommer han säkerligen inte att vilja höra det igen från dig! Vilket naturligtvis är vad som väntar honom om han skulle få för sig att komma till dig igen med sina klagomål :)

Kapitel 3

Pratkvarnen

Pratkvarnen finns överallt. Han babblar på som om han hade betalt för det, till alla som finns till hands, och om ämnen som oftast är totalt ointressanta för alla utom pratkvarnen själv. Det kan vara något han har lagt märke till, någon åsikt han har om dagens politik eller dagsläget, eller något dåligt han råkat ut för.

Bakom pratkvarnens beteende ligger inte sällan problem med att interagera socialt. De vet inte hur man skapar sociala band på ett vedertaget, accepterat sätt. De vet inte att man normalt sett bygger upp en relation gradvist, genom att först närma sig personen mjukt och försiktigt, sedan ställa en neutral fråga, lyssna på svaret och sedan vänta på att personen ska ta initiativ att fortsätta kommunikationen. Istället pratar de med alla de ser och klampar rätt igenom alla konventionella kommunikationsbarriärer.

Pratkvarnen finns överallt där det finns folksamlingar; till exempel på tåg, bussar, flygplan, i väntplatser, barer, köer och butiker. Men riktigt problematisk blir det när du träffar på en pratkvarn dagligen — nämligen på jobbet.

Vad gör man då när man inte har tid att lyssna på en pratkvarn på jobbet? Eller när man helt enkelt tycker någon är tråkig eller till och med irriterande att lyssna på?

Problemet är att de flesta är psykologiskt betingade (programmerade) att lyssna artigt och tålmodigt när någon talar — till och med på främlingar. Detta beror förstås delvis på att det anses socialt korrekt att lyssna. Men jag tror att det också beror på att våra hjärnor faktiskt är programmerade att lyssna. När urmänniskan lärde sig tala rörde det sig om ren överlevnad; att förmedla viktig information om faror, etcetera. Och våra överlevnadsinstinkter från den tiden gör att vi nu i dagens värld automatiskt och urskillningslöst sätter stort värde på precis allting folk säger. Men vi lever faktiskt i en helt annan värld nu, där prat knappast är en bristvara och det att lyssna inte alltid är en nödvändighet.

Det finns två varianter av pratkvarnen: Pratkvarn "light" och pratkvarn "deluxe". Pratkvarn light brukar sluta prata när han väl förstår att du inte är intresserad av att lyssna på honom. (Även om det vanligtvis *förvånar* dem att du inte vill lyssna på deras "intressanta" ämne.) Pratkvarn deluxe är dock alltför självupptagen för att förstå andras behov.

Så hur bär man sig åt för att handskas med dem?

Ditt första steg bör vara att använda dig av "negativt kroppsspråk" för att på så sätt signalera till deras undermedvetna att du inte är intresserad av att lyssna på dem. Ställ eller sätt dig så att din kropp och dina fötter är vända bort från personen. Bara ditt huvud bör vara vänt mot honom (om ens det). Mumla förstrött någon kort bekräftelse ("mm-hmm") då och då medan du nickar otåligt. Se på klockan ofta, eller stirra bakom honom som om det var någon där du behöver prata med. Om det hjälper, grattis! Om inte, kan du exempelvis säga vänligt men bestämt, "Jag är ledsen men jag kan inte lyssna på dig, jag har arbete att avsluta". (Avbryt honom mitt i hans mening om så behövs.) Säg aldrig, "Det är intressant det du berättar, men..." om du inte menar det, för då kan han återkomma! Undvik också att bara säga, "Jag kan inte lyssna på dig just nu" eftersom det kan tolkas som att du vill lyssna på honom senare. Ett mjukare sätt är att använda den längre frasen, "Jag märker hur viktigt detta är för dig, men jag är ledsen, jag kan inte lyssna på dig...".

Om han då säger, "Åh förlåt, jag bara pratar på, jag borde ha märkt att du är upptagen. Jag ska låta dig återgå till dina sysslor" eller någonting i den stilen så visar det att han är light-varianten. Han kan uppenbarligen sätta sig in i och förstå ditt sätt att se på saker och ting — han behöver bara lite hjälp att nå den insikten.

Om han å andra sidan bara fortsätter att babbla på så vet du att du har med deluxe-varianten att göra. I så fall, vad du än gör får du inte falla för frestelsen att artighetslyssna för då blir det bara värre. Han *vill* ha någon som lyssnar på honom — men om du gör det så kommer han att tro att du faktiskt är intresserad av vad han har att säga. Lösningen är istället att göra precis tvärtemot vad han vill: Att avbryta honom och börja prata själv!

Det finns två sätt att avbryta i det här sammanhanget: Abrupt eller mjukt. För att avbryta abrupt börjar du helt enkelt prata om dig själv mitt i deras (ändlösa) mening. Det är dock oftast en smidigare lösning att avbryta mjukt. Det gör du genom att lyssna efter en fras eller ett ord han använder som du kan återkoppla till. Det är egentligen väldigt enkelt. Om han exempelvis säger, "Jag hade en moster som...", avbryt då honom omedelbart genom att inflika, "Du! Nu påminde du mig om MIN moster, hon var verkligen inte lätt att tas med, jag minns en gång, jag tror det var 1983, nej vänta nu ljuger jag för dig, det var 1984, och..." (Se till att inte ha den allra minsta paus mellan orden eller ens meningarna.) Detta är raka motsatsen till vad han vill ha — att du babblar på om någonting som är fullständigt ointressant för honom!

Du avslutar genom att titta på klockan mitt i din egen mening, och låtsas att du glömt att du hade ett möte eller en brådskande deadline och att du omedelbart måste återgå till dina arbetsuppgifter. Men innan du gör det, säg, "Jag måste bara få berätta färdigt nästa gång vi ses!" Vänta inte på ett svar från honom utan bara återgå till ditt arbete. Gissa vem som nu kommer att undvika dig? (Märk väl att du inte gör detta för att hämnas eller sätta honom på plats eller göra narr av honom; du gör det för att hans beteende helt enkelt stör ditt arbete.)

Om det skulle visa sig att han faktiskt *är* intresserad av din historia så är han förmodligen en hypersocial personlighet som hellre lyssnar på dig, hur tråkig din historia än är, än på sina egna tankar. I så fall löser du det genom att säga, "Jag är ledsen, jag har fullt upp att göra, men jag kan ge dig en minut, så vad har du på hjärtat?" Försök att se riktigt upptagen ut, utan att för den sakens skull se ovänlig ut. (Det kan ju trots allt ha med jobbet att göra.) Om han bara får en minut på sig kommer han förhoppningsvis inte att ens börja prata utan välja någon annan istället.

Skulle denna diplomatiska metod inte heller fungera utan han börjar babbla på ändå, be då honom helt enkelt att lämna dig ifred. Om det ändå inte hjälper, ja då är det dags att involvera din chef. Men gör det i så fall på ett smart sätt så att det inte uppstår några negativa efterverkningar för dig. Förklara på ett diskret sätt för din chef att personen ifråga stör ditt arbete och hur du utan framgång har försökt lösa det på egen hand. Säg sedan, "Kan du vara snäll och säga till [honom/henne] att du har iakttagit hur [han/hon] stör mig i mitt arbete och att jag redan ligger efter i jobbet." Det är faktiskt din chefs jobb att lösa dessa typer av problem och att få avdelningen att fungera smidigt.

Kapitel 4

Wannabe-chefen

"Wannabe" är en sammanslagning av de engelska orden "want to be", vilket bokstavligen betyder "vill vara"; men i denna förlängda betydelse betecknar det en person som "vill vara som" någon han eller hon inte är, och därför beter sig på ett sätt som de flesta uppfattar som löjeväckande eller irriterande. En wannabe-chef är alltså en "vanlig" anställd som utan någon som helst befogenhet ändå beter sig som om han/hon vore chef. Det kan bero på att de "vet hur saker och ting ska göras" men aldrig bemödade sig om att faktiskt bli befordrad till chef. Eller kan det bero på att de helt enkelt gillar att hunsa med folk och beordra dem att göra saker, men inte vill ta på sig det ansvar som naturligt följer med att vara chef. Wannabe-chefer gillar att säga sådana saker som "Nej. Du ska göra så här." Ibland har de jobbat på samma ställe så länge att de i realiteten *känner sig* som en chef. I andra fall är de nyanställda men antar en "bossig" attityd med en gång — vanligtvis för att de faktiskt var chef, eller betedde sig som en, på sitt förra jobb.

Detta *kan* förstås vara en bra sak — om de vet hur saker och ting ska göras och de faktiskt bidrar på ett konstruktivt sätt. Problemet är om de handlar på eget bevåg, utan de riktiga chefernas vetskap, och beordrar folk runt utan att känna till den övergripande planen för företaget. Detta skapar inte bara irritation bland medarbetarna och förvirring angående vem som ska ge order; det kan också ställa till skada eftersom de kan sätta käppar i hjulet för de riktiga chefernas egna, välgenomtänkta planer. Att lyda deras "ordrar" är i själva verket det samma som att ignorera eller till och med förstöra för den riktiga chefen.

Wannabe-chefen säger i realiteten, "Jag sköter den här avdelningen bättre än din chef gör". Vem vet, han kanske faktiskt gör det. Men om så är fallet borde han formellt erbjuda sina kunskaper till ledningen, och till dess sköta sitt eget jobb och inte försöka göra chefens jobb.

Knepet när det gäller att handskas med en wannabe-chef är din egen inställning, och att vara konsekvent.

Du ska aldrig prata med eller relatera till honom *som om de hade rätt* att ge dig order. Om du artigt försöker ifrågasätta deras "order" med ett tafatt, "Javisst, okej... men... öhh... vore det inte egentligen bättre att fråga..." (och det var här som du hade tänkt säga 'chefen" men istället säger, "eller nä det var inget...") så befäster du bara deras psykologiska övertag över dig. Att tala och relatera till dem *som om de hade rätt* att ge dig order gör bara att de känner att de faktiskt har den rätten — vilket är precis vad de vill — och då uppmuntrar du bara deras beteende.

Istället ska du göra så här. Varje gång wannabe-chefen försöker tala om för dig vad du ska göra, fråga honom då med ett neutralt röstläge, "Har [chefens namn] bett dig säga det till mig?" Genom att alltid hänvisa till den riktiga chefen visar du klart och tydligt wannabe-chefen att du inte betraktar honom som din chef, och du tar på så sätt bort hans psykologiska makt över dig. Din fråga fungerar också som en psykologisk fälla för honom; oavsett vad han svarar, och även om han inte svarar alls, mister han den eventuella kontroll och makt han tror sig ha över dig. För om han svarar nej på din fråga så blir det naturligtvis svårt för honom att övertyga dig att du ändå ska göra som han säger. Om han istället är tyst och inte svarar något alls så återstår inte mycket annat för honom att göra än att gå därifrån. Om han skulle svara ja, säg då lätt irriterat, "Jaha. I så fall ska jag fråga [chefen] med en gång varför han inte har informerat alla om att han delegerat detta till dig." Sedan beger du dig med raska steg mot chefens kontor. Om wannabe-chefen inte hindrar dig tror han antingen att du bluffar eller så har han faktiskt rätt. Men du bluffar så klart inte. Så om han inte hindrar dig, gå och fråga din chef. Även om det visar sig att han faktiskt hade bett wannabe-chefen att föra orderna vidare så är din fråga inte obefogad och den visar ju din chef att du respekterar honom.

Kapitel 5

Latmasken

Det är naturligt att alla i ett arbetslag hjälper varandra så gott det går i lägen där någon behöver hjälp. Om de inte gör det — om deras attityd är att "sköt du ditt så sköter jag mitt" — blir laget som en maskin som inte oljats; de olika delarna fungerar inte väl ihop och maskinen brakar till slut samman. En lagmedlem som inte vill hjälpa de övriga i laget när det verkligen behövs sätter i själva verket hela lagets existens på spel.

Men som vi alla vet finns det också människor som helt enkelt är lata eller tycker att vissa arbetsuppgifter är "tråkiga", och som manipulerar sina kollegor till att hjälpa dem när de egentligen inte behöver någon hjälp. De gör så utan att tänka på att deras kollegor då själva blir lidande och kommer efter i sina arbetsuppgifter.

Deras metoder innefattar allt från tjat ("snäääälla" eller "äh, kom igen nu") till rena psykologiska utpressningsmetoder ("jaha, det är alltså så du behandlar en vän" eller "jag undrar vad folk ska tro om dig när jag berättar att du inte ställde upp för din arbetskamrat"). Men tänk på att när du är på jobbet är det företagets tid (och därmed pengar) du spenderar, inte din egen privata tid, så om ditt eget jobb blir lidande för att du "ställer upp" för en latmask som egentligen inte behöver någon hjälp så innebär det faktiskt att du är *illojal* mot din grupp — inte tvärtom.

Så hur löser du detta dilemma?

Ett smart sätt är att övertyga latmasken om att din chef helt enkelt inte tillåter dig att hjälpa till; att du inte har något val. Detta åstadkommer du genom att ta upp saken diskret med chefen och förklara hur personen stjäl dyrbar tid från dig. Sunt förnuft säger att chefen då kommer att förbjuda att du hjälper personen (såvida det inte är uppenbart att han/hon verkligen behöver hjälp). Be också din chef om en tjänst: Att om latmasken någonsin skulle fråga din chef om detta så ska han säga att han sett hur du hjälp honom/henne när du själv hade för mycket att göra och att det innebar att du hamnade efter i ditt jobb. På så vis har du ryggen fri. (Detta gör dig *inte* till en fegis eller svikare. Om du får en varning, blir uppsagd eller går miste om en befordran för att du misskött ditt eget jobb, kommer latmasken att hjälpa dig då? Nej, knappast.)

Om vi utgår från att din chef gick med på ditt förslag kan du därför nu med gott samvete irriterat påpeka för personen, "Min chef såg när jag hjälpte dig med saker som inte är mitt jobb, och det ställde till problem för mig eftersom jag kom efter med mitt eget jobb!' Skulle han ändå ihärda, säg då, "Har du några frågor om detta sa chefen att han ville tala med dig." Lägg märke till ordet "tala" här. Att "prata" antyder ofta en mer öppen dialog, medan "tala med" oftast används av personer i maktposition. Latmasken känner säkert detta på sig och undviker nog att försätta sig i en situation där chefen "vill tala med honom" :)

Kapitel 6

Lustigkurren

Lustigkurren skämtar hela tiden om andra i sin närhet. Han skämtar alltså inte *med* dem, utan *om* dem. Det rör sig om allt från mer eller mindre oskyldiga kommentarer till uttalanden som gränsar till rena trakasserier. Kanske gör hans eviga skämtande att han slipper ifrån den gnagande känslan av konstant uttråkning; eller känner han kanske att han bidrar till ett bättre arbetsklimat (för honom är skratt alltid något bra). Hans skämtsamma beteende går på automatik och han tänker inte på att någon faktiskt skulle kunna ta illa upp av hans "oskyldiga skämt". Lustigkurren menar normalt sett inget illa, men problemet är att han ofta saknar förståelse för och insikt i andra människors känslor och reaktioner.

Det finns några olika sätt att handskas med en lustigkurre. Vilket sätt du ska välja beror på din personlighet och på hur du känner inför situationen. Använd metod A om du känner dig ledsen, sårad eller arg och bara vill att han ska sluta med sina skämt på en gång. Använd metod B om problemet mer är att du finner honom irriterande och att han tar upp din tid, så du vill på ett smart sätt få honom att sluta skämta med just dig. Använd C om du ogillar hans skämt och vill "krossa" honom psykologiskt och socialt. Det finns även en fjärde metod, D: Tiga är guld.

METOD A: Om du känner dig ledsen, sårad eller arg och vill att han ska sluta med sina skämt på en gång så måste du säga det till honom. I annat fall så fortsätter han, i tron att eftersom du inte protesterar så uppskattar du hans skämt. Det bästa är att ta upp det med honom när du är ensam med honom. Om du tar upp det när andra är närvarande kan han känna sig usel för att han sårat dig och börja försvara sig inför alla istället för att lyssna på dig. Titta vänligt på honom, luta huvudet lätt på ett vädjande sätt och säg med en vänlig röst, "Jag vet att du inte menade något illa med det du sa, och att det bara var ett skämt, men jag kände mig ändå [ledsen/sårad/arg] när de andra skrattade. Så kan jag be dig att inte skämta om mig så andra hör?"

I och med att du antyder att det var de andras reaktioner som sårade dig, inte hans kommentar som sådan, så undviker du att skuldbelägga honom, vilket gör det lättare för honom att be om ursäkt. Eftersom han förhoppningsvis bara är ute efter att sprida glädje och skratt, inte negativa känslor, så kommer han förhoppningsvis också att förstå dig och sluta upp med sina skämt om dig.

Skulle han emellertid inte sluta, upprepa då steget men mer bestämt den här gången. Eventuellt kan du också be din chef om hjälp. Skulle det ändå inte hjälpa hänvisar jag till kapitel 17.

METOD B: Om problemet är mer att du finner honom irriterande och att han tar upp din tid, och du på ett smart sätt vill få honom att sluta skämta med just dig, så är det viktigt att du inte försöker utmana honom genom att försöka vara roligare; för då kommer han att tycka att det hela är ännu roligare och aldrig sluta, i tron att du med tycker det är kul! Istället bör du komma med en kryptisk eller torr kommentar som ger åhörarna intrycket att hans skämt var verkningslöst på dig och att du är alldeles för smart för att låta honom skämta om dig på din bekostnad. Och då kommer han förhoppningsvis att välja någon annan att skämta om istället.

Här följer en lista över kommentarer du kan använda. Lär dig dem utantill. De är inte i någon särskild ordning utan använd den kommentar som du tror kommer att fungera bäst i varje given situation. (Skulle ingen av dem fungera hänvisar jag till metod A.)

Kommentar 1: En kommentar du kan ta till i nästan vilken situation som helst är, "Det där säger du bara för att göra mig glad". Säg det på ett extremt avslappnat och obekymrat sätt, som om hans skämt inte bekommer dig det allra minsta. Titta inte ens åt hans håll, och agera som om du inte förväntar dig något svar. Detta är en väldigt kryptisk kommentar, som man normalt bara skulle ta till om man fick en komplimang som man ansåg var för alltför snäll och inte var uppriktig. I det här sammanhanget blir kommentaren istället som en käpp i hjulet på vad alla förväntar sig, och lustigkurren blir säkerligen osäker på hur han ska bemöta det. Och det med rätta! För det finns inget "lustigt" svar på den kommentaren — i varje fall inte utan att det låter helt tillskruvat.

Kommentar 2: Även denna kommentar kan du ta till i nästan vilken situation som helst: "Du ska veta att det var faktiskt det *snällaste* någon sagt till mig på hela veckan." Detta lär förbrylla och förvirra honom, och åhörarna lär också fatta att du inte är den som låter någon roa sig på din bekostnad.

Kommentar 3: Om han skämtar på ett som du uppfattar som nedlåtande sätt om din personlighet eller dina vanor (till exempel "Du gillar verkligen att lata dig så fort tillfälle ges, eller hur?") kan du obekymrat utbrista, "Äntligen någon som förstår mig!" Återigen visar det att du inte är den som låter någon roa sig på din bekostnad, och han kommer säkerligen finna det svårt att kontra det med något roligt.

Kommentar 4: Detta är ingen "färdig" kommentar utan du anpassar den efter följande regel: Förklara skämtet, vilket tar bort det roliga, och använd det sedan *på honom*, i modifierad form. Om han till exempel säger, "Fin ring du har. Min mormor hade en likadan för hon gillade också billigt krams" så svarar du på ett torrt och neutralt sätt, "Aha, du försöker säga att *min* ring ser billig ut, precis som din mormors. Det var roligt." Sedan ler du med tomma, ledsna ögon mot alla i rummet, och säger: "Lustigt att du skulle nämna just din mormor, för min ring tillhörde faktiskt *min* mormor och jag bär den för att minnas henne." Detta är ett lite elakare sätt att bemöta honom, så använd det bara om du anser att han förtjänar det. Om det du säger är sant eller inte, vet bara du, men oavsett så lär det få deras skratt att fastna i vrångstrupen.

Kommentar 5: "Uppmärksamhets-skiftaren". Här är tekniken att dra bort deras uppmärksamhet från dig. Direkt efter han skämtat säger du något neutralt. Det kan ha något med det han sa att göra, eller vara fullständigt irrelevant — det spelar ingen roll. Om han till exempel säger, "Snygg skjorta. Var köpte du den? Från en uteliggare?" Då replikerar du snabbt, "På tal om uteliggare, visste du att..." och här nämner du några tragiska fakta om uteliggare — helst något som ger alla närvarande dåligt samvete. Det kan vara fakta som du läst dig till, eller till och med bara något du gissar dig till, det spelar ingen egentlig roll för själva effekten. Det viktiga här är att du drar bort allas uppmärksamhet från lustigkurrens skämt om dig. Det du säger ska vara antingen neutralt, tråkigt eller någon obehaglig sanning. Du kan till och med ta upp något jobbrelaterat problem eller någon deadline som ingen vill bli påmind om. Vad som då kommer att hända rent psykologiskt är att alla på ett omedvetet plan associerar lustigkurren med något tråkigt eller obehagligt. Vem är smartast nu?

Kommentar 6: Om han gör sig lustig över din mentala hälsa och antyder att den inte är som den ska, svara då, "Jag fick faktiskt massor med terapi som barn, men, nä, det fungerade inte." Självfallet är detta en självironisk kommentar som du bara ska använda om din mentala hälsa är helt normal och du inte fick terapi som barn, och du kanske är "excentrisk" på sin höjd. Denna kommentar kan vara väldigt effektiv i rätt sammanhang, men om folk inte känner dig väl kan de faktiskt tro dig, så använd den med gott omdöme och bara med folk som känner dig väl.

METOD C: Om du ogillar hans skämt och vill "krossa" honom psykologiskt och socialt, kan du göra så här: Säg med låtsad glädje, "Jättekul, det där du. Jättekul. MEN inte lika kul som [förra skämtet/igår/förra veckan, etc]. Jag tycker faktiskt du börjar slacka efter. Vi tar och betygsätter dig." Ta fram penna och papper och börja fråga åhörarna en och en, "Hur många poäng vill du ge honom på en skala från 1-10?"

Låt alla som vill vara med ge sina betyg och räkna sedan ihop totala antalet poäng. Om han får höga poäng första gången, säg då, "Bra poäng. Men du kommer att behöva hitta på något ännu roligare nästa gång för att slå detta."

Detta kallas psykologisk krigsföring. Du bryter det sociala mönstret genom att dra bort allas uppmärksamhet från dig till honom. Som ett resultat kommer färre och färre av de som skrattar att vilja fortsätta betygsätta honom, vilket i sin tur ger honom allt lägre och lägre betyg — något du naturligtvis är kvick att påpeka.

Jag rekommenderar naturligtvis bara denna metod om den är ditt enda kvarstående alternativ; och i så fall ligger det naturligtvis också på ditt ansvar att störa arbetet i så liten grad som möjligt. Men även om denna metod vid första anblicken kan verka ligga på lekskolenivå kan den i långa loppet faktiskt minska den tid som lustigkurren och hans skrattande musketörer tillbringar på att göra sig lustiga över dig.

METOD D: "Att tiga är guld". Att vara tyst och inte säga någonting alls kan ha stor effekt; speciellt om han märker din tystnad och inser att du kan ha tagit illa vid dig, eller om folk inte skrattade speciellt mycket åt hans skämt. För att använda denna metod effektivt ska du inte le fånigt eller se irriterad ut. Istället ska du anta ett mystiskt pokeransikte och inte släppa blicken från ditt arbete. Se inte åt hans håll överhuvudtaget. Du ska se ut som om du inte bryr dig det allra minsta om vad han sa och att du faktiskt har viktigare saker att göra än att lyssna på hans så kallade skämt. Då kommer han säkerligen också att undra vad du tänker på. Tänker du bara på ditt jobb? Eller sitter du och funderar ut ett sätt att hämnas? Och han kommer aldrig att få veta säkert.

Om han insisterar och ropar på dig för att få din uppmärksamhet, mumla då förstrött någon kort bekräftelse ("mm-hmm?"), och när han börjar prata, avbryt då honom direkt och säg, "Du, du får ursäkta men jag har faktiskt fullt upp här, så jag blockerar alla störande ljud." Eller kan du helt enkelt säga att du inte fattar hans skämt, och fortsätta insistera på att du inte fattar, hur mycket han än försöker förklara det.

Kapitel 7

Herr Nyfiken

Det finns personer som är väldigt nyfikna av sig och ställer frågor som inte rör jobbet utan ditt privatliv. I många fall märker du att det helt enkelt är ett sätt för dem att knyta sociala band med dig och du besvarar deras frågor utan att det känns konstigt. Men i en del fall kan du känna att personen ifråga bara är alltför nyfiken om saker som inte angår dem och det känns inte bekvämt alls att besvara frågorna.

Det kan naturligtvis vara så att han eller hon helt enkelt är väldigt öppen och social och inte förstår att du upplever frågorna som påträngande och opassande. Men det kan också vara så att de tycker det är kul att göra dig generad — att det bryter den monotoni de upplever på jobbet.

I värsta fall tycker de det är kul att göra dig generad inför andra. Om du då bemöter det som folk brukar mest — med att bli tyst generad, eller förnärmat eller förläget utbrista "Det angår faktiskt inte dig" — så kan det vara som att hälla bensin på deras eld för det är precis så de vill att du ska reagera. Och när de väl har märkt att du reagerar som de vill så är risken stor att de inte slutar.

Nej, det finns ett mycket bättre och smartare sätt att lösa detta, och det är att inte svara på frågan utan komma med en motfråga: "Varför vill du veta det?" Du kan säga detta på ett vänligt och diplomatiskt sätt med ett leende på läpparna, eller på ett iskallt och kyligt sätt, eller neutralt — allt beroende på hur du upplever situationen och vad du tycker han eller hon förtjänar.

Denna fråga leder bort allas uppmärksamhet från dig tillbaka till *honom*, och får alla att undra över just hans avsikt med frågan. Detta kan i sin tur göra *honom* generad för att ha ställt frågan till dig. Chansen är stor att han inte har något bra svar på frågan. Är det så bör du låta saken bero och ge honom en chans att dra sig tillbaka i stillhet, för om du pressar honom kan du utlösa ilska, och han har förmodligen redan fått vad han förtjänar :)

Skulle han emellertid inte sluta, och du är säker på att han inte tillhör kategorin Lustigkurre i kapitel 6, hänvisar jag till kapitel 17.

Kapitel 8

Krypskytten

"Krypskytten" kritiserar folk och situationer på ett väldigt indirekt sätt, genom "humoristiska", ironiska, bitska, syrliga eller sarkastiska kommentarer som bara antyder vad han egentligen menar. Detta kan bero på att han är för lat för att ta sig tid att ordentligt sätta sig in i fakta innan han öppnar munnen. Det kan också vara så att han känner en viss maktberusning när han kritiserar på detta sättet. Eller kan det bero på att han inte *vågar* kritisera öppet för att han saknar självförtroende och är rädd för att *hans* kritik ska utsättas för kritik. Eller har han kanske dåliga erfarenheter när det gäller att kritisera öppet och känner sig därför obekväm med att kritisera öppet nu. Istället tar han därför till sin "krypskyttsmetod" men vilken han tryggt kan avfyra sina verbala missiler.

Den makt han känner grundar sig i att han känner sig immun mot att få sin kritik ifrågasatt av andra. Han känner sig trygg när personerna han kritiserar blir osäkra, nervösa eller generade; när de inte svarar för att de inte vill riskera att bli betraktade som dumma eller paranoida. Krypskytten har nämligen ett trumfkort: Han kan ju alltid förneka att han menade något illa och hävda att det bara var ett skämt.

Om där finns åhörare försöker krypskytten ofta göra sin kritik skämtsam snarare än sarkastisk, så att folk ler eller skrattar åt det och inte får uppfattningen att han är elak. Detta får honom att känna att han har förmåga att vinna över folk på sin sida. Han tror att när folk skrattar så betyder det att de förstår vad det är han kritiserar och att de håller med honom. Detta är ett väldigt bekvämt sätt att vinna "massopinion" utan att behöva deltaga i en riktig konversation eller behöva lägga fram välgrundade argument som backar upp hans åsikter.

Det kan verka näst inpå omöjligt att handskas med en krypskytt. Men det är det inte. Knepet ligger i att göra precis det motsatta till vad han förväntar sig. Istället för att reagera med tystnad ska du dra ut hans kommentarer i strålkastarljuset. Detta ska du göra *varenda* gång han kommer med sina kommentarer. Låt honom aldrig slippa undan.

Om han till exempel säger, "Vad kul att du kom i tid idag" så ska du inte bara le fånigt utan kontra med, "Du menar alltså att jag inte brukar komma i tid?" Eventuellt kan du lägga till, "Eller det är väl inte det du menar?" (Detta förutsätter naturligtvis att du inte brukar vara sen oftare än alla andra på jobbet.) Se honom rakt i ögonen; le inte men se heller inte arg ut. Se ut som om du har all tid i världen att vänta på hans svar.

Om han har varit för lat för att ta reda på fakta gällande det han kritiserar eller om det ger honom en slags maktberusning att kritisera på det här sättet, så är chansen stor att *han* nu blir nervös istället och därför snopet skyndar sig därifrån med svansen mellan benen. Och då lär han knappast försöka ge sig på just dig igen.

Om han å andra sidan saknar självförtroende att kritisera öppet eller har dåliga erfarenheter av att kritisera öppet, finns chansen att han kryper ur sitt skyddande skal och förklarar vad han egentligen menar. I så fall, grattis! Nu kan du påbörja en riktig dialog och ta reda på om det låg någon riktig kritik bakom det eller ej. Om det gjorde det, lyssna på honom och visa att det faktiskt går att förmedla kritik på ett öppet sätt. Från och med nu kommer han sannolikt inte att använda sin krypskyttsmetod på dig.

Skulle han fortsätta, upprepa då denna metod tills han förstår att han inte kommer undan. Somliga tar helt enkelt längre tid på sig än andra att lära sig en läxa.

Skulle det ändå inte hjälpa hänvisar jag till kapitel 17.

Kapitel 9

Herr Otrevlig

Folk kan vara otrevliga på många olika sätt. Det kan vara allt från tonläget och ordvalet till ansiktsuttryck och gester. Detta skiljer sig också från kultur till kultur och även från familj till familj, och naturligtvis kan ett visst "sätt" ha satt sig i väggarna på en arbetsplats. Men det viktiga på en arbetsplats är, hur påverkas *du*? Undviker du en otrevlig person, även om det är ditt jobb att samarbeta med honom? Spelas det han sa till dig upp i ditt huvud, långt efter de uttalade orden? "Hur kunde hon tala till mig på det där nedlåtande sättet?" eller "Att kalla mig för dumskalle!? Vem tror han att han är egentligen?" Att undvika en sådan person eller lyssna på hur orden spelas upp om och om igen i huvudet istället för att fokusera på ditt jobb stjäl faktiskt din värdefulla tid och skapar dessutom skadlig stress.

Såvida du inte tillhör den kategori människor som inte tar åt sig alls utan bara skakar av dig orden som en blöt hund skakar av vattnet ur sin päls, eller såvida du inte har en riktigt tuff personlighet och som likt en eldsprutande drake får Herr Otrevlig att bittert ångra sina ord och sitt sätt mot dig, så gör du bäst i att tackla situationen på en gång så att du kan återgå till ditt jobb med bevarad sinnesro.

Här får du fyra olika sätt att tackla situationen på. Sättet du väljer beror på situationen och på din personlighet. Välj metod A om du bara vill att han ska förstå att han varit otrevlig mot dig. Välj metod B om du vill försöka "lösa hans fall" och försöka få igång en dialog med honom. Välj metod C om det ingår i ditt jobb att prata med honom men du vill få det undanstökat så snabbt som möjligt utan att gå in på känslor. Använd metod D om du inte måste prata med honom i ditt jobb och vill bli av med honom så fort som möjligt.

METOD A: Om du bara vill att han ska förstå att han varit otrevlig mot dig är det bäst att göra ditt "tal" så kort och neutralt som möjligt. Ett exempel: "Det du sa kändes onödigt bryskt och otrevligt och jag skulle uppskatta om du visade mer respekt i fortsättningen."

METOD B: Om du vill försöka "lösa hans fall" och försöka få igång en dialog med honom kan du kontra med, "Du verkar upprörd. Vad har hänt?" Detta styr hans uppmärksamhet tillbaks till honom och hans egna känslor. En bidragande faktor till att denna metoden ofta kan fungera bra är att när någon känner sig upprörd över något så är det i många fall egentligen något annat eller någon annan de är upprörda över — inte dig. Och i många fall skedde det de är upprörda över för länge sedan; en scen från deras förflutna där de blev upprörda över något eller på någon spelas upp i deras huvud här och nu, och som ett resultat tar de istället ut det på dig och agerar otrevligt mot dig. Lyssna alltså noga på vad de svarar på din fråga ("Vad har hänt?") för det kan hända att han öppnar sig på ett konstruktivt sätt till dig. Om han reagerar med ilska eller ledsamhet hänvisar jag till kapitel 13 och 14. Om han ihärdar i sin otrevlighet kan du prova en av de andra metoderna istället. Tänk också på att det kan vara väldigt svårt och tidsödande att försöka "omvända" en otrevlig person, och på en arbetsplats kan det också vara praktiskt ogenomförbart eftersom det är just en arbetsplats, inte en uppfostringsanstalt.

METOD C: Om det ingår i ditt jobb att prata med honom men du vill få det undanstökat så snabbt som möjligt och utan att gå in på känslor, så måste du ignorera allt negativt han sade, som om du inte ens hörde det, och sedan styra konversationen i en annan och mer positiv riktning. Visa inga som helst känslor. Bara ignorera hans otrevliga sätt helt och hållet. Tänk tyst för dig själv, "Det är jag som är den vuxna här och jag vet bättre än att låta mig dras in i ditt otrevliga ordval". Säg sedan lugnt men bestämt det du vill få sagt, vänd raskt på klackarna och gå därifrån.

METOD D: Om du inte måste prata med honom i ditt jobb och vill bli av med honom så fort som möjligt ska du inte ta åt dig av något han säger utan istället "returnera orden till avsändaren" — precis som ett brev returneras till avsändaren om adressen inte stämmer. Du åstadkommer detta genom att kort kommentera hans humör och sedan gå därifrån. På så sätt kan han inte sprida sin negativitet. Här är några exempel på vad du kan säga.

Kommentar 1: "Jag märker att du är på dåligt humör idag, så jag ska lämna dig ifred", eller "Du verkar inte vara på humör att prata idag, så jag ska låta dig vara ifred".

Om du vill kan du lägga till någonting i stil med, "Men jag är säker på att du inte tänker låta det gå ut över dina arbetskamrater". Du kan säga det på ett godhjärtat och ärligt menat sätt eller på ett sarkastiskt sätt, beroende på vad du tycker han förtjänar.

Kommentar 2: "Det där säger du bara för att göra mig glad", eller "Det var faktiskt det *snällaste* någon sagt till mig på hela veckan." Se inte åt hans håll och bete dig som om du inte förväntar dig något svar från honom. Dessa ironiska kommentarer visar honom med all önskvärd tydlighet att det han sade inte bekommer dig det allra minsta. Samma kommentarer omnämns även i kapitel 6, att ta till mot Lustigkurren, men de kan alltså även fungera alldeles utmärkt mot Herr Otrevlig. Visserligen går det inte att förutsäga hur han kommer att reagera, men förhoppningsvis ogillar han din "klämkäcka" kommentar så pass mycket att han går därifrån.

Skulle ingen av ovanstående fyra metoder A-D fungera tillräckligt bra rekommenderar jag att du i så stor utsträckning som möjligt undviker personlig kontakt och istället håller dig till skriftlig eller elektronisk kommunikation (epost, penna och papper, etcetera). Om du känner att det blir för obehagligt bör du ta upp det med din

chef. Det finns nämligen en gräns för hur man får bete sig
på en arbetsplats; det finns lagar som reglerar det
psykosociala arbetsklimatet och det är ledningens ansvar
att de följs.

Kapitel 10

Herr Otrevlig
(som ändå vill bli omtyckt)

Förra kapitlet handlade om otrevliga personer som helt enkelt inte bryr sig om vad folk tycker om dem. Detta kapitel tar upp en variant av otrevlighet som är mer komplicerad, nämligen personer som beter sig otrevligt men ändå vill bli omtyckta! Han eller hon säger och gör saker som deras kollegor uppfattar som otrevligt, men i all sin otrevlighet förstår de ändå inte hur de andra uppfattar deras beteende. De har nämligen en relativt låg insikt i andras känslor; de märker helt enkelt inte andras känslor, för de är dåliga på att tolka ansiktsuttryck och kroppsspråk.

Och likväl vill de bli respekterade, omtyckta och älskade som alla andra. De förstår att något är fel — de ser ju att folk tenderar att undvika dem — de förstår bara inte att problemet ligger hos dem själva. Istället menar de att det är alla andras fel och blir arga på alla för att de inte tycker om dem. Detta gör dem till deras egen värsta fiende och till en riktigt besvärlig personlighetstyp för alla andra.

När en sådan person kommer till dig full av frustration, ilska, ledsamhet och med en skuldbeläggande ton säger, "Har du någonting emot mig?" eller "Tycker du inte om mig?" eller "Är det något fel med mig?" så är det väldigt lätt att förneka det och säga, "Nejdå, klart vi tycker om dig". För det är ju det rätta och barmhärtiga att göra, eller hur? Problemet är att detta "socialt korrekta" svar bara befäster deras situation. Han eller hon blir bara än mer övertygad om att felet ligger hos alla andra. Följaktligen kommer du ingen vart, utan personen kommer frustrerat fortsätta med sina frågor om och om igen till en alltmer frustrerad skara människor.

Så hur löser du situationen?

Problemet ligger i att deras fråga i själva verket är en enda stor psykologisk fälla. Därför måste du skapa en egen "fälla" med denna smarta motfråga: "Är det viktigt för dig att [jag/vi/alla] tycker om dig?" Nu har *du* makten. De kan ju bara svara "rätt" på din fråga på ett sätt, och det är med ett ja. Skulle de mot förmodan svara nej behöver du uppenbarligen inte göra så mycket mer. Men om vi utgår från att de svarar med ett ja, inflikar du direkt följande uppföljningsfråga: "Varför beter du dig då som du gör?" eller "Varför säger du då sådana saker till folk?" Ser de ut som ett levande frågetecken kan du om du vill börja förklara vad "alla" anser att de gör fel. I vilket fall som helst kommer de säkerligen att undvika dig i fortsättningen, och du har ju faktiskt gett dem en ärligt chans att genuint hjälpa dem.

Kapitel 11

"Dumma" åsikter och kommentarer

De flesta av oss förespråkar yttrandefrihet; rätten att säga vad vi tycker (så länge som det inte handlar om rena olagligheter som förolämpningar, hets mot folkgrupp, och så vidare). Det finns dock tillfällen då du känner att någon på jobbet sagt något riktigt "dumt" om dig eller din idé i ett möte, och du vet med säkerhet att personen inte skojar. Med "dumt" här menar jag inte något elakt, utan personen är helt enkelt pinsamt okunnig eller väldigt dåligt insatt i frågan, och du är helt säker på att ingen i rummet tar honom på allvar. Eller kanske han har uttryckt en åsikt som "alla" vet inte är baserad på fakta utan på infantila fördomar eller pinsam okunskap. (Ja, faktiskt lite som Sacha Baron Cohens rollfigurer Borat, Ali G, Brüno och "diktatorn" Admiral General Aladeen, men på riktigt!)

I ett formellt sammanhang som ett möte kan det anses som oartigt att bara ignorera honom — och han kan dessutom tolka tystnad som om ingen hört vad han sagt och därför upprepa sig! Och om du börjar lägga fram fakta som bevisar motsatsen finns risken att du behöver lägga alltför mycket tid och tankemöda på något som de flesta kanske känner är helt onödigt. När allt kommer omkring kanske han inte ens hade ändrat sig trots att sanningen hade lyst honom i ansiktet.

Så vad ska man göra då? Jo, du kan kontra med denna "slutna bekräftelse": "Tack för din åsikt". Detta "magiska" svar är effektivt på flera sätt. På ytan verkar den artig och neutral, och personen kan till och med uppleva det som om du håller med dem. Men det ligger mer bakom dessa ord än vad man kan tro vid första anblicken. Egentligen förmedlar orden att det personen precis sade trots allt bara är deras åsikt, inte en sanning, och att du är fullständigt likgiltig inför det som han sade. Du har alltså med dessa ord satt punkt för konversationen — vilket är skälet till att jag kallar det för en *sluten* bekräftelse. En "öppen" bekräftelse är mer öppen för feedback — till exempel, "Hur kom du till den slutsatsen?" eller "Aha, det är alltså så du ser på saken?" — så nu förstår du säkert varför du bör använda dig av en sluten bekräftelse!

Om mötet eller den ursprungliga konversationen kommit av sig är det nu hög tid att dra allas uppmärksamhet bort från den "dumma" kommentaren och raskt återgå till det ni pratade om. Du kan till exempel säga, "Tack för din åsikt, och som vi sade innan om förra månadens resultat, så..."

Kapitel 12

De tre primitiva känslo-gensvaren

Innan vi går in på de nästföljande tre besvärliga personlighetstyperna vill jag ge dig lite bakgrundsinformation i form av en kort antropologisk essä.

När någon känner sig sårad eller känner att ingen lyssnar eller inte får sin vilja fram, blir han eller hon vanligtvis antingen arg, ledsen eller tjurig. Jag kallar dessa de tre primitiva känslo-gensvaren. Inte för att de nödvändigtvis är dåliga eller att det inte skulle finnas goda anledningar till att blir arg eller gråta. Nej, jag kallar dem primitiva för att särskilja dem från vad som hade varit en "rationell" eller "logisk" reaktion på jobbet, nämligen att tillfälligt kunna sätta alla negativa känslor åt sidan och lösa situationen på ett ansvarsfullt och moget sätt med hjälp av god kommunikation.

Ilska är den äldsta av dessa känslor, eller den mest primitiva. Den är lika gammal som den äldsta delen av hjärnan, reptilhjärnan, som utvecklades för omkring 300 miljoner år sedan. Ilska och aggressivt beteende är därför inprogrammerat i våra hjärnor från födseln, och har varit oumbärligt för alla djurarters överlevnad sedan urminnes tider.

Att gråta och tjura är senare tillkomna känslogensvar. De uppstod samtidigt med däggdjurens uppkomst, eller mer specifikt med primaterna (människor, apor, etcetera). En primathjärna är mycket mer utvecklad än en reptilhjärna och är också anpassad till komplexa sociala situationer — till exempel på dagens moderna arbetsplatser.

Ilska är en "konfronterande" respons som är typisk för personer med en likaledes konfronterande personlighet. Han eller hon tvekar inte en sekund att gå fram till någon som gjort dem arga och högljutt och med viftande armar förklara exakt hur arga de är! Att gråta och tjura å andra sidan är "icke-konfronterande" reaktioner; de är typiska för icke-konfronterande personligheter som är rädda för eller drar sig för att visa ilska.

Ilska och tårar har det gemensamt att de båda är "expressiva" reaktioner, det vill säga att de tar sig någon form av uttryck. De är typiska för expressiva eller uttrycksfulla personligheter som inte kan eller vill hålla sina känslor inombords. Dessa känslor rensar ut ansamlade stresshormoner från kroppen. Ilska, som är en *utåtvänd* expressiv reaktion, "förbrukar" stresshormonerna, medan tårar, som är en *inåtvänd* expressiv reaktion, helt enkelt spolar ut stresshormonerna. Att tjura, å andra sidan, är en "icke-expressiv" reaktion som är typisk för icke-expressiva personligheter som föredrar att hålla sina känslor och tankar för sig själva. Folk som tjurar brukar visserligen känna en viss grad av ilska och/eller ledsamhet, men de uttrycker inte dessa känslor; och på grund av att stresshormonerna inte får sitt naturliga utlopp utan stannar kvar brukar tjurandet pågå längre än både ilska och ledsamhet (alltför länge, menar ofta dem som har med den tjurande personen att göra!)

Ett intressant faktum är att dessa tre primitiva gensvar också ofta används av barn. Får de inte sin glass kan de gallskrika tills de blir högröda i ansiktet, gråta högljutt eller börja tjura — antingen som en naturlig reaktion eller i syfte att manipulera vuxna. Det är först när de blir vuxna som de lär sig förhandla sig till det de vill ha med hjälp av logiska argument.

Varför reagerar en del då så starkt och dramatiskt på jobbet när det inte föreligger någon livshotande situation? Svaret finns i reptilhjärnan. Den är oförmögen att skilja på en livshotande situation och en vanlig, stressig arbetsplatssituation, exempelvis en deadline eller en skällande chef. Den är helt enkelt inte konstruerad för att kunna handskas med något annat än ren fysisk överlevnad och livshotande situationer.

En del som ställs inför en stressig situation på jobbet klarar av att hantera det på ett rationellt och förnuftigt sätt. Detta beror på att de använder sig av hjärnans nyare, främre del som styrs av logik. Men hos många byggs den inre stressen upp så snabbt att deras reptilhjärna aktiveras och börjar producera stresshormoner, bland annat adrenalin och kortisol, för att rädda personen från vad den uppfattar som en livshotande situation. Dessa hormoner är tänkta att göra det lättare för oss att fly eller slåss; men eftersom att springa sin väg eller slå någon på käften inte betraktas som ett acceptabelt beteende på de flesta arbetsplatser får hormonerna inget naturligt, fysiskt utlopp utan personen uttrycker istället sina känslor genom ilska eller tårar.

Följande tre kapitel visar dig hur man på bästa sätt handskas med dessa tre känslouttryck.

Kapitel 13

Herr Ilsk

Ingen har väl undsluppit arbetsplatsens hetsporre — han eller hon som utan att tänka sig för explosivt brusar upp och visar sin ilska för alla som råkar ha förargat dem.

En del reagerar med ilska spontant och helt naturligt. Andra har "fastnat" i ilska och blir arga automatiskt så fort någonting eller någon går emot dem. Sedan finns det också de som medvetet använder ilska för att manipulera andra.

Men oavsett vad skälet är till ilskan visar detta kapitel steg för steg hur du ska handskas med hetsporren på ett sätt som skapar ett bättre och mer humant arbetsklimat för alla, inklusive dig själv.

Steg 1: Lyssna och rid ut stormen

Arga människor känner innerst inne att ingen lyssnar på dem. Det är därför de är så högljudda och ofta också upprepar vad de säger. Det bästa är därför att använda dina öron, inte din mun, när du har med Herr Ilsk att göra. *Visa* att du lyssnar. Stå upp om han gör det. Se honom i ögonen, dock utan att stirra in i dem konstant. (Ett tips om du vill undvika att titta direkt i hans ögon är att istället fokusera på punkten mellan hans ögonbryn.) Nicka då och då. Men vad du än gör, *avbryt honom inte!* Inte ens för att säga att du förstår. Om du avbryter honom kan han nämligen tolka det som att du har lyssnat färdigt på honom och själv vill börja prata. Avbryt inte honom ens om han kommer med ett påstående som du vet inte stämmer, utan bara fortsätt lyssna. (Du kommer få tillfälle att rätta honom i ett senare skede). Använd minimalt kroppsspråk; låt dina händer hänga löst och ledigt med raka armar — gestikulera aldrig i detta skedet.

Om han säger något till dig som förolämpar dig, ta *inte* upp det i det här skedet. Han befinner sig just nu i ett extremt extrovert (utåtvänt) mentalt tillstånd och klarar helt enkelt inte av att ta in något du säger. Så försök att ha överseende med eventuella otrevligheter från hans sida, i alla fall tills han fått ur sig sin ilska. Skulle han vara så arg att han viftar med armarna eller bankar näven i bordet — låt då honom vara det. Det är bara hans sätt att få utlopp för sin instängda ilska. Hans beteende och ord är inte nödvändigtvis riktade mot dig. Det kan istället mycket väl vara så att det egentligen är riktat mot personer som gjort

honom arg tidigare, i liknande situationer, och att han nu
åter ser dessa situationer från det förflutna för sitt inre och
reagerar därefter. (Hjärnan kan nämligen inte skilja på en
verklig och en inbillad situation.) Det är också möjligt att
han har en förvrängd bild av vad som hänt och att hans
ilska därför åtminstone delvis beror på en brist på fakta. I
vilket fall som helst bör du låta denna ilsk-process nå sitt
naturliga slut, utan att avbryta den. Oftast går det faktiskt
över relativt fort (även om det kanske inte känns så för den
som lyssnar!)

I sällsynta fall upphör inte ilskan utan eskalerar, och kan till
och med leda till att personen får en hjärtattack! Skulle du
märka starka fysiska symptom som andnöd eller att
personen tar sig för hjärtat måste du få personen att lugna
ner sig. Vad som sker är nämligen att deras mentala bilder,
det vill säga det de ser för sin inre syn, kvarstår, och då
måste du få personen att "komma upp till nuet". Det
åstadkommer du genom att skifta hans fokus till något som
finns här och nu. Det lättaste sättet är att säga hans namn
högre och högre tills han svarar eller i alla fall börjar lyssna
på dig. (Om det inte räcker kan du vidröra hans arm eller
axel medan du säger hans namn.) Så länge som den yttre
kraften (dina ord eller beröring) drar till sig hans
uppmärksamhet starkare än vad den inre kraften (hans inre
bilder) gör, kommer detta potentiellt fysiskt farliga tillstånd
att brytas.

Tänk på att bara det faktum att han pratar med dig
överhuvudtaget, även om det är på ett ilsket sätt, faktiskt är
ett gott tecken. Om han hade känt att det vore omöjligt att
lösa situationen hade han förmodligen inte ens brytt sig om

att försöka förklara varför han är så arg; han hade istället varit för arg för att prata och bara gått sin väg.

När han har pratat (eller skrikit) färdigt och verkar ha lugnat sig brukar en av två saker ske. Antingen går han sin väg (eller avslutar samtalet om det är via telefon) eller står han tyst kvar. I vilket fall som helst är det ett gott tecken. Går han sin väg känner han säkert innerst inne att han i alla fall fick sagt det han ville och fick ventilera sin ilska — om än inte tillräckligt för att han skulle stanna och lyssna på dig efteråt. Det är ingen god idé att springa efter honom i så fall; det gör honom bara ännu argare. Ge honom tid och andrum. När han känner sig redo att fortsätta prata med dig eller lyssna på dig kommer han att ta det steget själv. Tänk på att människor hanterar sin ilska på olika sätt; somliga tar längre tid på sig än andra att få ur sig ilskan och varva ner. Stannar han kvar går du vidare till steg 2 nedan.

Om personen är någon du normalt sett inte arbetar ihop med är det naturligtvis inte din plikt att lyssna på honom. Du har ju trots allt lön för att sköta ditt jobb, och om han då stör dig i ditt jobb är det bästa att vänligt men bestämt hänvisa honom eller henne till deras chef eller kollegor.

Steg 2: Bekräfta och sammanfatta

Om han slutat prata (eller skrika) och inte går sin väg utan tyst tittar på dig betyder det att han inte bara är redo att lyssna på ditt svar — han *förväntar* sig ett svar. Vad du gör och säger de närmaste sekunderna är av yttersta vikt. Som han ser det har han ju trots allt ägnat sin värdefulla tid åt att förklara för dig vad som är fel. Hans tålamod är säkert lika med noll vid det här laget så om du inte sköter dina kort rätt nu, och illa kvickt, kan du faktiskt förvärra situationen genom att göra honom allt mer stärkt i sin uppfattning att "ingen lyssnar på honom".

Så här gör du: Håll dina överarmar tätt intill kroppen med underarmarna i ca 45 graders vinkel. Håll händerna med handflatorna mot varandra, ungefär i maghöjd och axelavstånd (som om du höll en osynlig låda) och säg, "Okej. Okej." Detta första steg är väldigt viktigt, för denna handposition signalerar tre saker till hans undermedvetna: 1) Dina händer ser ut som om du fattar eller griper om en låda. Att fysiskt fatta om eller gripa ett föremål, och att mentalt fatta eller begripa något, är samma sak för det undermedvetna. Hans undermedvetna tolkar alltså det hela som om du fattar situationen. 2) Det faktum att du ändrade dina händers position från hängande längst sidorna till denna hålla-en-låda-position signalerar tills hans undermedvetna att du tar över från och med nu och kommer att ordna allt (även om du inte tänker eller kan göra det). 3) Din fysiska handrörelse signalerar att du är *redo att handla* — det är inte längre bara något rent teoretiskt för dig.

Tänk om du inte gjorde detta steg utan bara stod kvar tyst och tittade på honom med händerna hängandes längs sidorna precis som när du bara lyssnade. Vad hade han trott då? Förmodligen att du inte begripit ett ord av det han sa!

När du har bekräftat honom på detta sätt och märker att du har hans uppmärksamhet är det dags för dig att börja *sammanfatta* vad han sade — och det illa kvickt. Detta visar honom att du har hört vad han sagt. Håll kvar dina händer som innan och håll ögonkontakt. I din sammanfattning nämner du hans känslotillstånd, följt av vad som lett till känslotillståndet. Försök se bortom hans ilska och arga ord. Försök nå den del av honom som ingen annan lyssnar på; tanken eller åsikten som han försöker kommunicera.

Här är ett exempel: "Okej. Okej. Så det du försöker säga är alltså att du är ursinnig för att ingen här lyssnar på dig när du försöker berätta att på tisdagar behöver du någon som hjälper dig, stämmer det?" Eller, om det är ditt fel: "Okej. Okej. Så det du försöker säga är alltså att du är ursinnig på mig för att jag inte lyssnar på dig när du försöker berätta att på tisdagar behöver du någon som hjälper dig, stämmer det?"

Om du inte minns eller inte kunde höra alla detaljer rätt, se åtminstone till att det du säger stämmer. På det här stadiet är det bättre att hoppa över någon detalj än att gissa och säga något fel och därmed riskera ännu ett utbrott av "Vad var det jag sa?! Ingen lyssnar ju på mig!"

Med denna bekräftelse och sammanfattning kommer han säkert att dra en lättnadens suck över att någon överhuvudtaget har hört någonting alls av vad han ville få sagt. Vid det här laget borde han vara avsevärt mindre arg och kanske också lättad, och utbrista, "Ja! Det är exakt det som jag har försökt säga ju!"

Skulle han fortfarande vara arg för att du kanske inte hört eller kanske missförstått det han sagt, upprepa då bara steg 1 och 2.

Om du skippar dessa två steg, eller kanske bara skriker åt honom tillbaks, finns risken att du förvärrar situationen och bara gör honom ännu argare inombords. Han kommer nämligen att fortsätta med sina utbrott tills han känner sig hörd.

Steg 3: "Jag är ledsen..."

Fram tills nu har du bara varit en neutral observatör och lyssnat passivt. Och det är precis vad han har behövt från dig. Steg 2 visade honom att du förstår honom rent objektivt. I steg 3 visar du honom att du också förstår honom *känslomässigt*; att du har empati och verkligen beklagar det inträffade.

Om du anser att det inte är ditt fel kan du använda dig av allmänna/formella/neutrala formuleringar som fungerar i de flesta lägen så länge du menar det du säger. Exempel: "Jag beklagar [verkligen] att Johan inte lyssnade på ditt önskemål" eller "Det var [verkligen] tråkigt att höra att Pia inte höll det hon lovade". Vill du uttrycka mer äkta känslor och låta mer personlig kan du lägga till, "Jag är verkligen ledsen för din skull" eller "Det var verkligen inte kul det där". Det är ingen komplicerat alls; lite empati och sympati från din sida räcker långt här.

Om du vet med dig att det åtminstone delvis är ditt fel att han blev så arg är en ursäkt från din sida på plats. Om du av någon anledning inte vill be om ursäkt bör du fråga dig själv om du vill ta fullt ansvar och fixa det hela så snabbt och effektivt som möjligt, eller om du till varje pris bara vill ha rätt? Att av stolthet bara vilja ha rätt ger dig kanske visserligen en kortsiktig vinst, men på sikt kommer det bara att förhindra att situationen blir löst. Tänk på att du trots allt får betalt för att göra ditt jobb, och med det följer ett ansvar att sätta ditt ego åt sidan och inte låta det påverka ditt jobb negativt. I slutänden kommer han antagligen att be om ursäkt för *sitt* beteende (om han exempelvis sagt dumma saker till dig) om du bett om ursäkt för *din* del först.

Eftersom ursäkten gäller jobbet och inte ditt privatliv behöver din ursäkt inte vara speciellt dramatisk. Det räcker med att säga exempelvis, "Jag är verkligen ledsen att jag glömde att upplysa dig om att mötet blivit inställt. Förlåt." Så svårt är det inte att säga att du är ledsen, eller att säga förlåt, eller hur? Och den goda nyheten är att så länge du säger förlåt brukar de flesta nöja sig med det och inte överanalysera exakt vad du sade i samband med ditt förlåt (så länge det stämmer någotsånär). Skulle din ursäkt inte duga lär han antingen säga det eller så kan du se det i hans ansikte, och då kan du lätt justera ditt ordval och lägga fram en ny ursäkt.

När du säger förlåt bör du också tänka på ditt eget kroppsspråk och ansiktsuttryck. Dina handflator bör vara vända uppåt. Det signalerar uppriktighet. Ditt ansikte bör visa ledsamhet eller ånger (eller åtminstone sympati om det inte var ditt fel). Det enklaste är att vara helt avslappnad i ansiktet, dra mungiporna lätt nedåt och höja ögonbrynen lite. Empati innebär att känna det han känner, och om du vill försöka känna in hans smärta så underlättar det för dig att själv se lite ledsen eller medlidsam ut.

Tänk på att din ursäkt inte ska innehålla några förklaringar eller bortförklaringar i detta skedet. En ursäkt som omedelbart följs av skälen till att du gjorde eller inte gjorde på ett visst sätt kommer att tolkas som en bortförklaring snarare än en genuin ursäkt.

Steg 4: "Fixa" det

Vid det här laget bör du ha tagit udden av deras ilska, visat att du förstår, samt visat empati genom att säga att du beklagar alternativt bett om ursäkt. Därmed har du också lyckats släpa in er båda på "neutral känslomark". Nu bör han alltså vara öppen för vad du har att säga, och på så sätt är det möjligt för dig att skapa en förändring i situationen. Nästa steg för dig blir att komma med något slags erbjudande som visar honom att du faktiskt tänker vidta åtgärder — åtgärder som gör att liknande situationer undviks i fortsättningen. Du "fixar" alltså situationen och reder ut eventuella missförstånd med alla inblandade (naturligtvis efter din förmåga och ditt ansvarsområde). För att göra detta måste du även veta exakt vad det är han behöver.

Här följer några exempel: "Från och med nu ska jag ändra mina rutiner för att minimera risken att jag blir sen igen",

"Jag ska ringa honom på en gång och fixa det", "Jag ska se till att maskinen får regelbundet underhåll två gånger om året". Håll det enkelt och odramatiskt — det är ju ingen såpopera.

Om du pratar med personen direkt och inte via telefon så är det viktigt att du håller dina händer i "hålla-en-låda-positionen" som beskrevs i steg 2, för du måste återigen signalera att du har läget under kontroll.

Det är också viktigt att du inte ger några löften som du inte är 100 procent säker på att du kan hålla. Undvik till exempel att säga, "Det kommer aldrig att upprepas". Säg istället, "Jag ska ändra mina rutiner för att minimera risken att det ska upprepas". Undvik också "Jag ska göra bättre ifrån mig" eller "Jag ska göra mitt bästa nästa gång" eftersom båda antyder att du inte gjorde ditt bästa innan. Visa istället på något konkret förbättringsförslag; något som visar att du faktiskt ändrar dina rutiner. Är du inte säker på hur du ska fixa det, fråga någon som vet efteråt.

Steg 5: Din professionella syn på det hela

Nu när han känner sig förvissad om att saker och ting kommer att fixas är han förmodligen öppen för att lyssna på din "professionella syn" — det vill säga att du som anställd professionellt (yrkesmässigt) förklarar för honom anledningar till att saker och ting kanske inte kan utföras exakt som han önskar, eller något han kanske sagt i sin ilska som inte stämmer (att han exempelvis har missförstått någon eller något).

Det kan också vara så att ni båda har olika åsikter om hur något ska utföras eller vem som ska göra vad. Tänk då på att bara för att någon är arg och skriker innebär detta inte att han eller hon har rätt. Om ni inte kan enas om det får ni ta upp det mer er chef, som då får lösa problemet en gång för alla.

Steg 6: Din personliga syn på det hela (valfritt steg)

Detta steg är valfritt i så motto att det är upp till dig om du känner att steg 1-5 räcker för att du ska känna dig nöjd, eller om du ogillade hans sätt mot dig. Det beror naturligtvis också i viss mån på hur mycket du normalt har med personen att göra i ditt arbete.

Ogillade du hans sätt skulle du i detta steg kunna påpeka för honom att det är just hans ilska som kanske gör att folk inte velat lyssna på honom. Förklara att han faktiskt sade otrevliga saker till dig, och på ett otrevligt sätt dessutom, men att du tolererade hans sätt för stunden för att kunna lösa det på ett professionellt sätt; men att du inte kommer att tolerera ett sådant beteende fler gånger. Avsluta med att konstatera att du är glad att ni i alla fall lyckades lösa det hela, och att du är öppen för att lösa problem i framtiden med, så länge som han uppför sig.

Vid det här laget inser han förhoppningsvis hur han själv har bidragit till problemet. Vi får hoppas att han också visar dig respekt i fortsättningen och kanske även ber om ursäkt för sitt beteende; men framför allt att han skärper sig i framtiden. Håll honom på kort lina i fortsättningen och låt honom inte köra med dig en enda millimeter.

Kapitel 14

"Oj hon gråter. Kan någon ta det?"

Folk som gråter på jobbet gör ofta så i hemlighet, exempelvis på toaletten. Det berör då bara personens mest förtrogna arbetskollegor, som naturligtvis tröstar personen efteråt just för att de är vänner, inte för att de måste för jobbets skull. Att folk då och då gråter och tröstar varandra på en arbetsplats är helt naturligt — det har skett i alla tider och i alla kulturer. Det är först när gråtandet sker öppet inför alla som man måste ta itu med det på ett professionellt sätt, både av humana skäl och av produktionsskäl (eftersom en gråtande person drar till sig allas uppmärksamhet).

En gråtande person är inte nödvändigtvis en "besvärlig" person, men en del finner det helt enkelt besvärligt att handskas med någon som gråter — att trösta en vuxen person eller säga förlåt. Om du gjort eller sagt något på jobbet och någon börjar gråta på grund av det så lär du dock inte kunna skicka någon annan att trösta henne! (På grund av att en kvinna som gråter öppet är mer vanligt förekommande än en man som gör det kommer jag att använda hon/henne som exempel i resten av detta kapitel, förhoppningsvis utan att låta sexistisk.) Du gör då säkrast i att få henne att sluta gråta. Inte nog med att din chef kan kräva det — du kommer förmodligen att framstå som skurken i dramat eftersom det var du som fick henne att gråta.

Om er (gemensamma) chef är strikt av sig kan det vara klokt att först upplysa honom om läget och säga att du gärna försöker lösa det med en gång. Han kanske går med på det; men möjligheten finns också att han tycker att personen som gråter ska återgå till sina arbetsuppgifter och att du kan trösta på din rast.

Hursomhelst, innan du sätter igång bör du stoppa ner några pappersnäsdukar i fickan (ifall hon behöver torka sina tårar). Be eventuella åskådare att återgå till sina arbetsuppgifter — detta är ingen såpopera — och gå sedan till henne. Men rör inte vid henne och sätt dig heller inte bredvid henne i detta skedet. Först måste du se hur hon reagerar på att du närmar dig henne, så ställ dig relativt nära, vänd mot henne. (Även om du kanske redan satt nära henne vid ditt skrivbord så bör du resa dig upp och gå mot henne, annars kan du uppfattas som ovillig och arrogant och därmed förvärra det hela.) Låt dina armar hänga avslappnat. Se henne vänligt i ögonen, säg hennes namn mjukt och sympatiskt, och yttra sedan det magiska ordet "förlåt" följt av vad du gjorde eller sade fel (eller *tror* att du gjorde eller sade). Ett exempel: "Johanna. Förlåt. Jag är ledsen att jag skrek åt dig. Det var helt obefogat och det var dumt gjort av mig."

Detta brukar utlösa en av tre reaktioner. Antingen blir hon arg och ber dig gå därifrån, eller ser hon inte ut att reagera speciellt mycket, eller börjar hon öppna sig och prata.

Om hon blir arg och ber dig gå därifrån så betyder det att hon inte är redo för din ursäkt. I så fall bör du raskt vända på klacken och gå därifrån. Försök inte övertala henne att lyssna på dig. Att använda tekniken i det förra kapitlet fungerar inte så bra här eftersom hon inte bara blev arg utan hon bad dig uttryckligen att gå din väg. Detta är trots allt en arbetsplats och ingen privat situation. Det enda som återstår att göra är att upplysa din chef om läget och återgå till ditt jobb. Detta ligger helt klart inom hans ansvarsområde och han får nu avgöra om det är hon som har överreagerat eller om det är du som betett dig olämpligt.

Om hon inte ser ut att reagera speciellt mycket betyder det troligtvis att hon i tysthet godtar din ursäkt, eller i varje fall överväger det, och att hon så småningom återgår till sitt jobb utan att du behöver göra eller säga speciellt mycket mer. Men lämna inte henne än. Försäkra dig först om att hon reder sig och klarar av att återgå till sina arbetsuppgifter, genom att med vänliga ögon och en vänlig röst fråga något i stil med, "Jag behöver nog tyvärr snart återgå till mitt jobb, klarar du dig?"

Om hon nickar eller säger ja, säg då lika vänligt, "Okej, bra. Är det något mer jag kan göra för dig?" och hjälp henne om hon vill ha din hjälp med något (inom rimliga gränser förstås). Men upprepa inte "förlåt" eftersom hon redan sagt att hon klarar sig. Säger du förlåt igen finns risken att hon åter dras ner i de negativa känslorna för att hon påminns om det du gjort eller sagt. Gå bara därifrån lugnt och stilla. Och lär dig av detta, och var mer känslig mot henne i fortsättningen. En del är känsligare än andra, antingen rent allmänt eller när det gäller vissa saker, och tills du vet vad som är extra känsligt för henne gör du klokt i att inte prata med henne mer än vad som krävs i ditt jobb.

Om hon istället skakar på huvudet eller säger nej, gå då vidare till nästa steg nedan ("Förbered tid och plats").

Om hon börjar öppna sig och prata:

Steg 1 - Förbered tid och plats

Om hon börjar öppna sig och prata (eller svarar nej på din fråga i förra steget) så betyder det att hon vill att du ska lyssna. Och det är naturligtvis det mest humana att göra i det läget. Innan du sätter igång med att lyssna bör du dock fundera på om din tid (eller chefen) tillåter det. För när du väl satt igång med att lyssna är det ingen bra idé att behöva avbryta för att telefonen ringer eller du kommer efter i ditt arbete. Om du har tid på en gång men bara en stund, tala då om det från början så att hon vet. Till exempel, "Jag har bara femton minuter nu, men vi kan fortsätta prata på lunchen om du vill, okej?" Om hon går med på det, håll då vad du lovat. Om hon säger nej, skjut då på det hela tills du vet med säkerhet att du har tid nog.

Innan du sätter igång, bege er om möjligt till ett ledigt rum där ni kan tala ostört. Detta är både för hennes skull, som behöver avskildhet, och för produktionens skull (nyfikna åskådare jobbar inte, och det vet chefen).

Steg 2 - Lyssna

Försäkra henne att du är där för att lyssna. För att signalera sympati och uppmärksamhet till hennes undermedvetna (hennes medvetna sinne är fullt upptaget nu) ska du ha kroppen i samma position som hon. Folk som är ledsna sitter ofta ner för att de saknar energi, så sätt dig ner med henne om hon sitter ner. Ge henne näsdukarna du har i fickan. Se henne vänligt i ögonen. Om du tror hon skulle uppskatta det kan du röra lätt vid hennes axel, arm eller hand; men ta bort handen om hon rycker undan eller reagerar på något annat negativt sätt. När hon pratar, lyssna då uppmärksamt och nicka lätt då och då.

När man lyssnar på en arg person bör man inte avbryta på något sätt. Men när man lyssnar på någon som är ledsen bör man ge korta bekräftelser med jämna mellanrum, exempelvis "aha" eller "jag förstår". Du ska i så fall inte säga dem på ett kallt eller mekaniskt sätt utan lägga äkta känsla bakom, även om det bara är ett eller ett par ord. På så sätt känner hon att du förstår henne rent känslomässigt och inte bara intellektuellt.

Det är också viktigt att låta henne fortsätta prata när hon väl börjat. Tillåt henne att lätta sin börda. Be henne inte att "sluta gråta"; säg inte "ja men det där var väl inget att gråta för". Så länge som hon är mitt uppe i sina känslor måste hon få lov att vara det, utan att du ska tala om för henne om det hon känner och säger är "rätt" eller ej. Det är *hennes* känslor, och de är väldigt verkliga för henne just nu. Om du då kommer med dina åsikter eller kritiserar vad hon känner innan hennes känsloprocess är klar kommer hon definitivt inte att känna sig hörd; det finns istället en risk att hon gömmer undan det hon känner eller hellre vill prata med någon annan.

Fortsätt lyssna tills hon inte längre är inåtvänd utan utåtvänd, hennes ansikte skiner upp och hon inte ser så ledsen ut längre, hon börjar lägga märke till omgivningen inklusive dig, och verkar vilja interagera igen med dig och andra. Det är också möjligt att hon nu har ett nytt perspektiv på vad som egentligen hände.

Nu bör du sammanfatta det hon sagt, exempelvis, "Okej, så om jag förstår dig rätt så är du ledsen och besviken för att jag inte höll mitt löfte att fixa en ersättare för dig när du ville ha semester, eller hur?"

Steg 3 - "Jag är ledsen..."

I detta steg visar du henne att du sympatiserar med henne och att du verkligen beklagar det inträffade. Det gör du med en ursäkt. Om du av någon anledning inte vill be om ursäkt bör du fråga dig själv om du vill ta fullt ansvar och fixa det hela så snabbt och effektivt som möjligt, eller om du till varje pris bara vill ha rätt? Att av stolthet bara vilja ha rätt ger dig kanske visserligen en kortsiktig vinst, men på sikt kommer det bara att förhindra att situationen blir löst. Tänk på att du trots allt får betalt för att göra ditt jobb, och med det följer ett ansvar att sätta ditt ego åt sidan och inte låta det påverka ditt jobb negativt.

Eftersom ursäkten gäller jobbet och inte ditt privatliv behöver din ursäkt inte vara speciellt dramatisk. Det räcker med att säga exempelvis, "Jag är verkligen ledsen att jag glömde att upplysa dig om att mötet blivit inställt. Förlåt." Så svårt är det inte att säga att du är ledsen, eller att säga förlåt, eller hur? Och den goda nyheten är att så länge du säger förlåt brukar de flesta nöja sig med det och inte överanalysera exakt vad du sade i samband med ditt förlåt (så länge det stämmer någotsånär).

Tänk på att din ursäkt inte ska innehålla några förklaringar eller bortförklaringar i detta skedet. En ursäkt som omedelbart följs av skälen till att du gjorde eller inte gjorde på ett visst sätt kommer att tolkas som en bortförklaring snarare än en genuin ursäkt.

Tänk också på att du är på jobbet, så tiden du lägger ner på detta är av naturliga skäl mindre än om det var en privat vän. Du får hitta en balans där hon känner sig tillräckligt bra till mods för att återgå till sina arbetsuppgifter, men undvika att arbetsplatsen blir ett psykoanalysinstitut. Kort sagt, gör både din ledsna arbetskollega och din chef nöjd. (Du kan ju alltid fortsätta lyssna på rasterna om du vill.)

Steg 4 - Din professionella syn på det hela

Nu när hon känner sig bättre till mods är hon förmodligen öppen för att lyssna på din "professionella syn" — det vill säga att du som anställd professionellt (yrkesmässigt) förklarar för henne anledningar till att saker och ting kanske inte kan utföras exakt som hon önskar, eller något hon kanske sagt som inte stämmer (att hon exempelvis har missförstått någon eller något). Det kan också vara så att ni båda har olika åsikter om hur något ska utföras eller vem som ska göra vad. Tänk då på att bara för att någon är ledsen och gråter innebär detta inte att han eller hon har rätt. Om ni inte kan enas om det får ni ta upp det mer er chef, som då får lösa problemet en gång för alla.

Kapitel 15

"Tjur-Pelle"

En del finner tjuriga personer väldigt irriterande, och vill inget hellre än att ruska om dem tills de öppnar upp sig och delar med sig av sina tankar och känslor. Men alla inte är sociala och öppna och pratar inte glatt om sina känslor om någon gjort dem arga eller ledsna. Dessa "tjuriga" människor känner visserligen ilska eller ledsamhet om de blivit sårade; skillnaden är att de inte vill eller kan *kommunicera* dessa känslor och berätta hur de känner, så istället håller de dessa känslor inom sig.

Det finns olika anledningar till detta. De kanske tycker det känns jobbigt att prata om sina känslor rent allmänt. De kanske har uppfostrats att inte prata om hur de känner (speciellt om de är av manligt kön). De kanske tror att deras känslor inte är viktiga nog att prata om. De kan ha svårt för att bearbeta eller förstå sina känslor och därför också finna det svårt att prata om dem. De kan vara övertygade om att personen ifråga sårade dem avsiktligt och därför väntar de på en ursäkt. De kan vara rädda för att konfrontera personen som sårade dem. De kanske känner innerst inne att det de är arga över egentligen inte är något att vara arga över. Eller kanske de känner att det hade varit ett tecken på svaghet att erkänna att de var arga — listan kan säkert göras ännu längre.

Vanligtvis beter de sig helt normalt och pratar normalt med alla — det vill säga alla utom personen som sårade dem! På så sätt demonstrerar de hur mycket de tycker om alla andra — antingen som hämnd eller för att de hoppas att personen ska lägga märke till särbehandlingen och be om ursäkt. (En strategi som naturligtvis bara fungerar om personen som sårat dem faktiskt är medveten om detta samt håller med om att en ursäkt är på plats.)

Hur länge han eller hon tjurar beror naturligtvis på den bakomliggande anledningen men oftast går det över av sig självt med tiden. Det finns dock fall där tjurandet kan pågå i åratal, till exempel om den som tjurar väntar på en ursäkt som aldrig kommer — eller om två tjuriga personligheter möts! I sådana fall kan kall tystnad råda mellan dem år efter år medan båda väntar på att den andra ska be om ursäkt.

Tjurande kan visserligen betraktas som irriterande eller barnsligt av de övriga på en arbetsplats, men det behöver faktiskt inte utgöra ett problem. Det viktiga här är om det påverkar jobbet negativt eller inte.

På arbetsplatser där folk arbetar mer eller mindre individuellt och en "kreativ atmosfär" inte är så viktigt behöver faktiskt tjurande personer inte utgöra ett problem. Om någon där tjurar men ändå kommunicerar tillräckligt mycket för att jobbet inte ska bli lidande så är det inte tillrådligt att försöka tvinga honom att "öppna sig och bli som alla andra". Det är ju trots allt bara en arbetsplats, inte en prata-känslor-klubb eller ett terapiinstitut. Somliga är helt enkelt mer tjurigt lagda än andra, och tills du vet exakt vad det är som de reagerat på gör alla bäst i att helt enkelt låta personen vara ifred. Låt det gå över av sig självt och undvik att säga mer till dem än vad som är nödvändigt för jobbets skull. (Det kommer dessutom att bespara dig och alla andra en massa tid att *inte* försöka förändra den som tjurar!) Det är bara om personen inte kommunicerar tillräckligt med andra om det som rör jobbet som ni bör göra något åt det.

På arbetsplatser där lagarbete och kreativ atmosfär är viktigt kan dock tjuriga personligheter lätt ställa till problem. Konstant tjurande kan förvärra arbetsklimatet till den grad att gruppen dräneras på kreativitet, positivitet och konstruktivitet.

Om du anser att du kan ha bidragit till hans tjurande måste du ta första steget, eftersom det inte ligger i hans natur att göra det. Innan du börjar rekommenderar jag att du läser igenom hela detta kapitlet, samt även de två föregående kapitlen om du inte redan gjort det. (Du kommer snart att förstå varför.)

Om er (gemensamma) chef är strikt av sig kan det vara klokt att först upplysa honom om läget och säga att du gärna försöker lösa det med en gång. Han kanske går med på det; men möjligheten finns också att han tycker att du kan fixa det på din nästa rast.

Hursomhelst, innan du sätter igång bör du stoppa ner några pappersnäsdukar i fickan, ifall personen börjar gråta (tjurande kan bestå av både ilska och ledsamhet). Ställ eller sätt dig relativt nära. (Stå upp om han gör det och sitt ner om han sitter.) Se honom vänligt i ögonen, säg hans namn vänligt och sympatiskt, och yttra sedan det magiska ordet "förlåt" följt av vad du gjorde eller sade fel. Ett exempel: "Johan. Förlåt. Jag är ledsen att jag skrek åt dig. Det var helt obefogat och det var dumt gjort av mig." Om du inte vet vad du gjorde fel, använd dig då av ett allmänt uttryck som "Jag är ledsen om jag sårade dig".

Detta brukar utlösa en av fem reaktioner. A) De imponeras av din ödmjuka ursäkt och förlåter dig på stället. B) De öppnar upp och börjar uttrycka sin instängda ilska eller ledsamhet. C) De ber dig gå din väg. D) De visar kall fientlighet. E) De förblir tysta och tittar inte åt ditt håll.

A) Om de förlåter dig på stället, grattis! Då behöver du inte göra så mycket mer. Men du bör kanske vara extra försiktig med personen i fortsättningen och inte prata mer med dem än vad som krävs för jobbet.

B) Om de öppnar upp och börjar uttrycka sin ilska eller ledsamhet så innebär det att de åtminstone för tillfället har lämnat sitt trygga skal och visar vad de verkligen känner bakom sin tjuriga känslomur. Detta är helt klart ett steg framåt för dig för nu kan du förbättra situationen genom att följa råden i de två föregående kapitlen, 13 och 14. (Det var därför jag nyss uppmanade dig att läsa de styckena med innan du påbörjar din hantering av "Tjur-Pelle".)

C) Om de ber dig gå din väg och har ilska (eller ilska blandat med ledsamhet) i rösten men utan att vara direkt aggressivt fientliga kan du ge det hela en andra chans och säga, "Jag vet att du är arg på mig, och tycker du inte att vi borde försöka lösa detta utan att involvera chefen?" Den första delen (Jag vet att du är arg på mig) visar att du förstår dem. Ordet "och" direkt efter signalerar till deras undermedvetna att det som kommer efter *är i överensstämmelse* med vad de vill. Trots att "men" är ett väldigt populärt ord när folk försöker övertala andra till något, hade "Jag vet att du är arg på mig, MEN..." signalerat till deras undermedvetna att de i grund och botten har fel och att du vill förändra dem, och då gör de nästan automatiskt motstånd mot vad du än säger efter ditt "men". (Detta kallas ibland för konversationshypnos — konsten att på ett etiskt sätt använda ord på ett sätt som ger en mer eller mindre hypnotisk verkan på andra i vardagliga situationer.) Den andra delen ("tycker du inte att vi borde försöka lösa detta utan att involvera chefen?") påminner dem på ett subtilt sätt, utan att skuldbelägga eller pressa dem, att om de väljer att inte prata med dig så kan det faktiskt få negativa följder.

Om personen ändå ber dig att gå, gå då din väg utan att göra en stor sak av det. Försök dig inte på mer övertalning, för det kan göra dem än mer fientliga eller till och med aggressiva. Du har gjort vad du rimligtvis kan för att lösa det, och det är nu dags för dig att upplysa din chef om läget och återgå till ditt jobb. Detta ligger helt klart inom chefens ansvarsområde och han får nu avgöra om det är personen som tjurar som har överreagerat eller om det är du som betett dig olämpligt.

D) Om de visar kall fientlighet genom sina ord eller sitt kroppsspråk, gå då raskt därifrån. Det enda du kan göra nu är att upplysa din chef om läget och återgå till ditt jobb. Detta ligger helt klart inom chefens ansvarsområde och han får nu lösa det hela.

E) Om de förblir tysta och vänder blicken bort från dig så kan det betyda att de känner en sådan stark avsky och fientlighet mot dig att de varken vill se dig i ögonen eller prata med dig — inte ens för att be dig fara och flyga. Men det kan också betyda att de egentligen är öppna för att prata med dig men att de tar tillfället i akt att ännu tydligare visa hur sårade de är (vilket verkligen är tjurande i ordets sannaste bemärkelse!) En tredje förklaring kan vara att de är öppna men att de bara behöver lite mer tid på sig.

Som jag nämnt tidigare så är detta en arbetsplats, inte din privata vänkrets, så därför måste du hantera detta effektivt och undvika att det hela blir till en såpopera där du desperat ber om förlåtelse inför en skara roade åskådare (som egentligen borde arbeta!) Du har faktiskt redan bett om förlåtelse och det på ett proffsigt sätt (även om det kanske inte ens var ditt fel!) så nu behöver du säga något som fungerar som en katalysator och får fart på det hela utan att för den sakens skull göra dem än mer upprörda.

"Jag förstår att du fortfarande är upprörd; vill du prata om det?" är en bra början.

Du kan ersätta ordet upprörd med arg eller ledsen eller något liknande ord. Typiska tecken på ilska är: Personen jobbar i normalt tempo eller fortare än normalt. Undre och övre ögonlocken är ihopdragna. Pannan rynkas och käken och läpparna är spända. De ser ut att kunna hoppa in i en boxningsmatch när som helst — och vinna!

Typiska tecken på ledsamhet är: Personen arbetar i ett långsammare tempo än vanligt och verkar frånvarande. Deras ögon, käke och läppar visar inga tecken på energi. De ser ut som om de helt saknar fysisk och mental energi och att de helst skulle vilja gå och lägga sig.

Om du klart ser att personen är arg kan du också använda ett psykologiskt knep, genom att mjukt fråga "Är du ledsen?" Detta är naturligtvis inte för att göra narr av honom, utan det fungerar som en katalysator för att få fart på situationen och få ut ilskan i det öppna.

Om personen har öppnat upp sig och börjar visa sina undangömda starka känslor (ilska eller ledsamhet), grattis! Gå då till B ovan. Om de ber dig gå din väg, använd C. Om de visar tecken på fientlighet, använd D. Om de fortsätter vara tysta och vägrar se på dig, ge det hela en chans till och använd C igen.

Ett sista råd här. Lägg inte alltför mycket tid på en Tjur-Pelle. En del tjurar nämligen medvetet för att få sin vilja fram på jobbet och man ska inte belöna det beteendet genom att ge dem alltför mycket tid och uppmärksamhet.

Det skickar nämligen fel signaler. Om du har använt metoderna och mallarna i detta kapitel så har du gjort vad du kunnat. Om de ändå inte ger vika, låt då din chef ta hand om det.

Kapitel 16

Sexprataren

DEL 1:
Att förstå en sexpratare

Vad är en sexpratare?

Sverige har liksom de flesta andra länder lagar som skyddar folk mot vad som kallas sexuellt ofredande. Med min egen term "sexpratare" avser jag här en person som vanemässigt ger dig oönskad uppmärksamhet av sexuell natur i form av kommentarer eller förslag eller kallar dig för något med nedlåtande sexuell innebörd.

Det kommer kanske inte som någon överraskning att sexprataren oftast är av manligt kön och oftast riktar sig mot en person av kvinnligt kön. Varför är det nästan bara uteslutande män då? Det är en bra fråga, men inte ens experter som psykologer, beteendevetare inom kriminologin eller biologer är helt överens om svaret. Enligt min mening har det dock förmodligen till stor del att göra med människans utveckling; hannar med stort fokus på sexualitet och en aggressiv inställning till fortplantning var de hannar som mest framgångsrikt fick sina gener spridda. (Märk väl att jag inte på något sätt påstår att sexuellt ofredande är något bra; jag menar bara att gener förmodligen åtminstone delvis har bidragit till sådant beteende idag.)

Självklart kan det också förekomma att en kvinna ofredas av en annan kvinna eller att en man ofredas av en annan man eller av en kvinna. Men oavsett situationen och oavsett vad lagen eller lokala arbetsplatsregler säger kan det upplevas som allt från irriterande och distraherande till en rent helvete av den som blir utsatt för det. I vilket fall som helst är metoderna för att lösa det de samma. För att förenkla det hela har jag därför valt att använda den vanligast förekommande situationen — en manlig sexpratare och ett kvinnligt offer — i samtliga exempel i detta kapitel.

Vem riktar sig sexprataren till?

Ofta väljer han ut sina offer efter vissa "kriterier" han har. Det kan vara alla nya tjejer som börjar på jobbet; snygga tjejer; brunetter; kvinnor som håller sig för sig själva; tjejer som verkar blyga eller ser ut att sakna självförtroende; en viss åldersgrupp; en viss etnicitet; en viss kroppstyp. Och så vidare. Bara han vet!

De två typerna av sexpratare

Man kan grovt dela in sexprataren i två kategorier: den dominansmotiverade och den sexuellt motiverade. Inom dessa två kategorier finns det olika grader, från måttlig till grav. Det kan också vara en kombination av båda.

Den dominansmotiverade sexprataren gillar känslan av makt det ger honom när andra ser honom dominera någon. Han riktar sig därför normalt sett till henne inför andra eftersom han vet att det kommer att göra henne generad och därmed lättare att dominera. I grund och botten är den dominansmotiverade sexprataren inget annat än en simpel mobbare, som har valt att specialisera sig på att ofreda kvinnor sexuellt i syfte att tillfredsställa sitt mobbarbehov av att dominera och förtrycka.

Den sexuellt motiverade sexprataren söker en sexuell "kick" — sexuell spänning. Han tilltalar normalt sett bara kvinnan när hon är ensam med honom. Detta beror delvis på att han får sin kick av sin inbillade "relation" med henne, där de, och bara de, "delar sexualitet" med varandra (det blir som ett slags "mentalt sex" för honom); och delvis på att han oftast är fullt medveten om att det han gör inte är okej eller till och med olagligt, och att han inte vill ha några vittnen. Skälet till att han söker denna kick varierar. Ibland är han bara lite uttråkad på jobbet och tycker detta är ett bra sätt (för honom alltså) att få tiden att gå lite fortare. Det kan också vara så att han har problem på jobbet eller på hemmafronten och gör detta för att glömma sina problem, i alla fall tillfälligt. I allvarligare fall kan det dock vara så att han *bara* mår bra när han ägnar sig åt detta beteende. Han är helt enkelt beroende av den dopamin-kick av upphetsning och spänning det ger honom — ungefär på samma sätt som en del är spelberoende, alkoholberoende, etcetera — och det gör honom potentiellt farlig.

De män som potentiellt sett är allra farligast i det här sammanhanget är de sexuellt motiverade sexpratare som börjar med att presentera sig på ett *väldigt* trevligt sätt och som är *väldigt* charmerande. Han vill lära känna henne, verkar bry sig om henne, frågar vad hon tycker om i allmänhet, etcetera — det vill säga tills han känner att han har henne i sina klor — för att *sedan* börja prata om sexuella saker i förhoppningen att hon nu, efter att de "lärt känna varandra", kommer att acceptera honom helt och hållet (inklusive hans sexualitet) och att hon kommer att få dåligt samvete om hon inte vill ha med just den delen av hans personlighet att göra. Det hela är väldigt beräknande från hans sida. Han är *bara* ute efter hennes sexualitet, *inte* hennes vänskap. Han *använder* bara "vänskap" i syfte att få det han egentligen vill ha. Detta är psykopatiskt beteende. (Vill du veta mer om psykopati hänvisar jag till min bok *Rovdjur i mänsklig skepnad: Konsten att förstå och handskas med en psykopat.*)

DEL 2:
Att handskas med en sexpratare

Var ska du dra gränsen?

En sexpratare kan visserligen prata "normalt" då och då, men så fort han får tillfälle till det och lusten faller på så kommer han att vilja prata om sex och inget annat. Ofta bryr han sig inte ens om att först inleda med "vanligt prat" utan kör på med sexprat med en gång. På så sätt sparar han tid; han är ju inte intresserad av dig som person utan bara av den behagliga och sköna känsla det ger honom att prata som han gör (på grund av dopaminet som hans hjärna producerar).

Det kan också vara så att han systematiskt testar gränserna hos samtliga kvinnor för att se vem som enligt hans uppfattning "är med på noterna". Skälet till att en kvinna är "med på noterna" är oväsentligt för honom. Han är inte ens medveten om att en kvinna kan verka vara med på noterna av andra anledningar än att "hon gillar det", exempelvis av rädsla eller osäkerhet.

Detta är skälet till att ditt första steg när du har med en sexpratare att göra är att veta var du själv drar gränsen. Sexprat är som de flesta andra ting relativt och är avhängigt av den känslomässiga och psykologiska reaktionen hos den som utsätts för det. (Man har exempelvis högst sannolikt en högre tolerans för sexprat från någon som man genuint tycker om och känner sedan länge.) Det viktiga är emellertid huruvida hans prat får dig att känna dg *illa till mods* eller inte. Om du får en obehaglig känsla av hans prat så är det är tydligt tecken på att du bör dra gränsen där.

Det finns ett viktigt undantag till denna regel, och det är om kvinnan ifråga har väldigt låg självkänsla — att hon inte anser att hon är värd speciellt mycket som människa — och därför i ren desperation tacksamt tar emot hans sexprat som en slags kompensation för den kärleksfulla uppmärksamhet hon egentligen så gärna vill ha. Detta är ett självdestruktivt beteende, och alla på en arbetsplats måste hålla ögon och öron öppna och förhindra att detta sker.

När ska du säga ifrån?

Risken finns att sexprat kan eskalera till den grad att det tar sig fysiska uttryck, exempelvis tafsande. Det är därför viktigt att du säger ifrån direkt, redan första gången du känner att han har gått över gränsen. För om du inte gör det utan väntar i förhoppningen att det var en engångsföreteelse kommer han säkert att fortsätta i tron att eftersom du inte protesterar så har du heller inget emot det han säger eller gör. Du ska alltså inte bara le fånigt och osäkert eller bara låta det bero. Tydliga gränser är ett måste här.

Hur ska du säga ifrån?

A) Om han riktar sig till dig inför andra kan du göra det på två sätt. Med en gång inför alla, eller nästa gång du är ensam med honom. Mitt förslag är att du först provar att prata med honom på tu man hand, annars kommer han säkert att känna ett behov av att försvara sig inför alla istället för att lyssna på dig. Var bestämd och håll dig till fakta, och berätta hur du kände dig. Exempel: "Jag kände mig förbannad och förödmjukad när du frågade mig vad jag gillar i sängen, och inför alla dessutom! Det är inget du har med att göra! Så sluta med det, okej!?" Exakt vilka ord du använder är mindre viktigt än det faktum att du reagerar alls.

Om du av naturen är tuff och föredrar att säga ifrån en gång inför alla, tänk då bara på att inte ställa till en större scen än nödvändigt. Att vara ursinnig är helt förståeligt i detta sammanhang, men tänk då i alla fall på vilka ord du väljer. Det kanske känns bra för stunden att kalla honom för både det ena och det andra; men tänk på att detta är en arbetsplats, inte ditt personliga verbala slagfält, och att man i Sverige kan bli straffad för exempelvis förolämpning.

Om han ändå inte slutar upp med sitt beteende, upprepa då proceduren men mer bestämt denna gång. Om det ändå inte hjälper så har du antagligen med en renodlad mobbare att göra istället och då hänvisar jag till kapitel 17.

B) Om han riktar sig till dig när du är ensam med honom så låt oss först hoppas att han inte tillhör kategorin "grav och farlig sexpratare" utan att han bara är lite uttråkad på jobbet och "bara vill ha lite kul". Berätta för honom hur du kände dig när han sa det han sa. Exempel: "Jag kände mig förbannad och förödmjukad när du frågade mig vad jag gillar i sängen, och inför alla dessutom! Det är inget du har med att göra! Så sluta med det, okej!?" Exakt vilka ord du använder är mindre viktigt än det faktum att du reagerar alls. Var bestämd och håll dig till fakta men ta inte i mer än vad situationen kräver. Han gick över gränsen, och det är precis det du ska tala om för honom — varken mer eller mindre.

Om han slutar upp med sitt beteende och kanske till och med ber om ursäkt så kan det betyda att han förstod att han gick över gränsen och att han aldrig pratar med dig på det sättet mer. I så fall behöver du inte göra så mycket mer. Du bör emellertid inte slappna av helt när det gäller honom. Jag menar inte att du ska vara paranoid men det skadar inte att ändå vara försiktig och hålla honom på tryggt avstånd i fortsättningen, både rent fysiskt och psykologisk; i alla fall tills du lärt känna honom bättre, för man vet aldrig — han *kan* vara ett gravt och farligt fall av sexpratare. Det är möjligt att han blivit beroende av den dopaminkick och upphetsning det ger honom att bete sig på det sättet och att han bara upphörde med sitt beteende tillfälligt och kommer att försöka igen. Kort sagt, det kan vara så att han manipulerar dig och planerar att skapa en "vänskap" med dig enbart i syfte att kunna utsätta dig för sexprat. Ett sådant gravt fall kan också komma att reagera med ilska när han inser att han inte kommer att få en lätt sexuell kick av dig och han kan till och med bli hotfull.

DEL 3:
Att handskas med grava fall av sexuellt motiverade sexpratare

Om du från ovanstående text har kommit till den insikten att du har med ett gravt fall av sexuellt motiverad sexpratare att göra bör du veta att han *kan* vara farlig och att han kan vara en psykopat. I och med att han vägrar ändra sitt beteende har han klart och tydligt visat att det inte går att resonera med honom eller vädja till honom på ett normalt sätt. Många i denna kategori behöver professionell hjälp; och om det rör sig om en psykopat är han till och med bortom all hjälp.

I Sverige är sexuellt ofredande olagligt och straffbart. Därmed är det också olagligt för företag att tillåta det eller se mellan fingrarna. Skulle det hända dig, anteckna då alla fakta: Datum, klockslag, plats, vem det gäller, vad han sade, vem som eventuellt bevittnade det, etcetera. Gör detta under minst en veckas tid eller så länge som behövs för att visa att det finns ett mönster och lämna sedan dina anteckningar till din chef. (Du kan naturligtvis göra det även om det bara skedde en gång; det är upp till dig och hur allvarligt du upplever situationen.)

Skulle din chef begära mer påtagliga bevis kan du överväga att spela in det sexprataren säger. Bär då alltid på dig minibandspelaren eller vad du nu använder för att spela in med och starta inspelningen diskret så fort du ser honom.

I det här sammanhanget är det bra att känna till vad lagen säger om inspelat bevis. "Den som [...] olovligen medelst tekniskt hjälpmedel för återgivning av ljud i hemlighet avlyssnar eller upptager tal i enrum, samtal mellan andra eller förhandlingar vid sammanträde eller annan sammankomst, vartill allmänheten icke äger tillträde och som han själv icke deltager i eller som han obehörigen berett sig tillträde till, dömes för olovlig avlyssning till böter eller fängelse i högst två år."
(https://lagen.nu/1962:700#K4P9aS1)

Eller på enkel svenska: Det är olagligt att spela in samtal om samtliga parter är omedvetna om inspelningen, men det är lagligt om du själv medverkar aktivt eller passivt, det vill säga om du bara lyssnar, i det samtal som du spelar in. Det finns alltså inga krav på att den andra samtalsparten måste vara medveten om att samtalet spelas in.

Du kan också tala i förtroende med andra kvinnor på din arbetsplats. Kvinnor är normalt väldigt medvetna om vilka män som är lite "udda" eller som de bör akta sig för och hjälper normalt gärna varandra med tips. Ett intressant exempel i detta sammanhanget är en artikel jag läste på 90-talet om en grupp ilska kvinnor som konfronterade en man som brukade slå sin fru. (Jag har för mig att det var i Sydamerika.) Visserligen var det inte på en arbetsplats, men jag tycker ändå att du som läsare kan lära dig något av det. Vad jag minns stod det att han såg väldigt blek ut i ansiktet efter att ha konfronterats av kvinnorna, och han slutade ganska omgående upp med att slå sin fru. Poängen är att även om han säkert inte hade varit rädd för en enstaka arg kvinna, var en hel grupp med arga kvinnor tillräckligt för att skrämma honom såpass mycket att han ändrade sitt destruktiva beteende. Och vilken man hade inte blivit rädd eller i varje fall känt stor respekt inför för en hel grupp ilska kvinnor? Naturligtvis förespråkar jag inte våld eller hot på en arbetsplats, men få män ihärdar nog i sitt beteende om de ställs inför en hel grupp arga kvinnor. Att bilda en stödgrupp kan därför vara en bra idé. Jag vill också tillägga att de flesta män naturligtvis också ställer upp för kvinnor i det här sammanhanget.

Kapitel 17

Mobbaren

Om du förgäves försökt handskas med Lustigkurren (kapitel 6), Herr Nyfiken (kapitel 7), Krypskytten (kapitel 8) eller en sexpratare (kapitel 16) och du inte kommer någon vart utan de bara fortsätter, ja då har du nog tyvärr förväxlat honom eller henne med en betydligt värre personlighet, nämligen mobbaren. Jag hänvisar i så fall till min engelska bok om hur man handskas med mobbare på arbetsplatser, *The Bully Exposed: The Secrets of Dealing with Bullies at Work*. Den finns att köpa via Amazon både som "vanlig" pappersbok, i digitalt format och som ljudbok. Jag kommer eventuellt att ge ut den på svenska vid ett senare tillfälle.

Slutord

Oavsett hur långt vetenskapen och teknologin framskrider är det så att om vi vill att framtiden ska vara en behaglig och trevlig plats att vara i så måste vi också lära oss interpersonella och sociala färdigheter och hur vi tar hand om oss själva och varandra känslomässigt. Vi måste säkerställa att mänskligheten för vidare just sin mänsklighet.

Till sist, tänk på att sättet du *tillåter* folk att behandla dig på är också hur du *tränar* dem att behandla dig.

Bonuskapitel 1

Var jobbsmart:
Åtta steg som gör dig socialt smart på jobbet

I detta bonuskapitel har jag samlat idéer jag fick när jag skrev föreliggande bok, men som inte riktigt passade in i bokens grundkoncept. "Idioten på jobbet" fokuserar ju på hur man handskas med andra; detta bonuskapitel å andra sidan tar upp vad *du själv* kan göra för att undvika att irritera andra i onödan.

En del av informationen är säkert inget nytt för dig. Social kompetens handlar ju till stor del om självklarheter. Ser man sig omkring på en arbetsplats kan man dock lätt bli förvånad över hur mycket av dessa "självklarheter" som faktiskt inte följs.

Min förhoppning är i alla fall att dessa åtta steg ska höja din sociala kompetens på jobbet. Eller kort sagt: Att du blir jobbsmart.

Steg 1: Tala effektivt (Se till att du gör dig hörd och förstådd)

När du talar på jobbet måste du se till att det du *avser* att säga faktiskt också når fram till personen ifråga, och på ett sätt så att han eller hon förstår exakt vad det är du menar. Detta låter som en självklarhet men det är alltför vanligt att folk inte kommunicerar bra. Genom att följa A-G nedan besparar du dig själv och andra värdefull tid och undviker samtidigt den irritation och frustration som ofta följer på misslyckad verbal kommunikation.

A. Såvida du inte redan befinner dig väldigt nära personen du vill tala med bör du alltid först vända dig mot dem. Även om ljudvågorna studsar mot väggar och andra föremål och åtminstone delvis når personens öron i alla fall, är det smartare att se till att din röst går i rätt riktning redan från början genom att helt enkelt ta en sekund eller två för att vända dig mot personen innan du börjar prata. Det kan ju också vara så att de tycker det är trevligare att ha ögonkontakt med dig; eller kanske personen hör dåligt och uppskattar att kunna läsa dina läppar.

B. Anpassa ditt avstånd till personen. Du bör i möjligaste mån befinna dig såpass nära att du inte behöver höja din röst eller skrika. Såvida det inte uppstår ett nödläge är det socialt oacceptabelt att ropa tvärs över ett rum fullt av folk.

(Även om de antagligen är för artiga att påpeka detta för dig.) Om du ofta behöver kommunicera med någon som befinner sig en bit bort är det bättre att använda en elektronisk form av kommunikation, exempelvis interntelefon eller mobilen. Om ni kan se varandra kan ni också använda överenskomna handgester.

C. Förvissa dig om att personen är redo att ta emot din kommunikation. Utgår du automatiskt från att alla är redo att lyssna på dig närhelst du vill säga något? Eller är du medveten om att folk helt enkelt kan ha annat i tankarna? Såvida du inte är helt säker på att de är redo att lyssna på dig bör du först fånga deras uppmärksamhet genom att säga deras namn eller säga "Ursäkta mig..." Om du är otålig och börjar prata innan du har fångat deras uppmärksamhet kommer du bara att behöva upprepa vad du sa.

D. Anpassa din röstvolym. Att prata för högt är definitivt irriterande; och att prata för tyst är lika irriterande för båda parter för då måste personen be dig upprepa vad du sade.

E. Tala klart och tydligt. Ett bra exempel på detta får du om du lyssnar på nyheterna. Även om en bra nyhetsuppläsare talar överdrivet formellt talar de klart och tydligt och utan att mumla — och det bör du också göra. Om du talar med stark brytning eller med en annorlunda dialekt jämfört med de flesta andra på din arbetsplats bör du tänka extra noga på att tala tydligt. Det finns vanligtvis inget utrymme för misstag orsakade av att någon mumlar, talar otydligt eller har en dialekt.

F. Välj dina ord. Ja, bokstavligen. De ord du använder dig av i viktiga jobbsammanhang måste vara tillräckligt specifika för att undvika missförstånd och samtidigt lätta nog att förstå för gemene man. Att använda speciella fackuttryck har naturligtvis sin plats när du kommunicerar med kollegor som är insatta i samma terminologi som du. Men att använda sig av ord och termer för att *imponera* istället för att helt enkelt förmedla information är inget mer än en kontraproduktiv egotripp.

G. Få bekräftelse från personen du talar med att de förstått dig. Det kan vara något så enkelt som ett "okej" eller en nickning. Om du inte är säker på att de verkligen förstått dig, fråga dem då om de förstått. (Du kan också ställa en öppen fråga som kräver ett litet mer utvecklat svar, exempelvis, "Okej, så om jag vill få detta gjort, vad behöver du för hjälp av mig då?")

Steg G är sista steget i en korrekt, "smart" kommun- ikationscykel.

2. Tala lagom mycket (Var ingen pratkvarn)

När folk pratar om privata saker på jobbet är det ofta en bra sak; det skapar starkare sociala band och ett bättre arbetsklimat. Och i en idealisk värld skulle folk tala om för dig om de tyckte du tråkade ut dem med ditt prat eller de inte hade tid att lyssna på dig, och du i din tur skulle anpassa dig till det. Men som jag nämnde tidigare i kapitlen "Gnällmånsen" och "Pratkvarnen" har folk i allmänhet en tendens att "artighetslyssna" — att lyssna av ren artighet även om de tycker du är tråkig eller de egentligen inte har tid att lyssna på dig. Hur undviker du då att folk ska uppfatta dig själv som en pratkvarn?

Jo, du ser helt enkelt efter kroppsspråk och ansiktsuttryck som signalerar brist på intresse eller otålighet:

- De bryter konstant ögonkontakten med dig och ser istället åt sidan, på någon eller något bakom dig eller på sin klocka = de försöker desperat tala om att du har pratat för länge.

- De håller hela tiden sina ögon mer öppna än normalt = de försöker desperat att visa sig mer intresserade än vad de i själva verket är.

- Deras ögon är öppna men ser helt tomma ut = du har antagligen tömt personen på all mental energi med ditt prat.

- De bibehåller samma uttråkade, tomma och orörliga ansiktsuttryck vad du än säger = de hoppas desperat på att du ska sluta prata.

- De nickar frenetiskt eller mumlar högt "mm-hmm" mitt i dina meningar = de försöker antingen att verka intresserade eller (mer eller mindre omedvetet) få dig att sluta prata genom att avbryta dig.

- De blinkar oftare än normalt eller pillar på sina fingernaglar = de känner sig stressade på grund av att de egentligen inte vill lyssna på dig.

- De ger ifrån sig en undertryckt gäspning (deras näsborrar vidgas medan de drar in luft genom näsan) = du tråkar ut dem.

- Deras fötter riktas bort från dig = deras fötter avslöjar åt vilket håll de egentligen skulle vilja gå. Just det, bort från dig.

- Om du frågar dem vad de tycker om det du sagt eller om de håller med dig kan de se lätt skrämda ut, le fånigt, se förlägna eller besvärade ut och inte säga mycket = de har förmodligen inte lyssnat ordentligt.

Följande kroppsspråk och ansiktsuttryck signalerar genuint intresse:

- De lutar huvudet lätt åt sidan = nyfikenhet.

- De bibehåller stadig och avslappnad ögonkontakt = du har fångat deras intresse.

- De nickar, ler och/eller höjer ögonbrynen vid rätt tillfälle = du har verkligen fångat deras intresse och/eller säger något extra intressant.

- De ställer en fråga om något du precis sagt och lyssnar verkligen intresserat på ditt svar = de vill inte du ska sluta prata!

- Deras fötter riktas mot dig = han eller hon vill stanna kvar.

Om du är medveten om dessa signaler har du betydligt större chans att uppfattas som en hänsynsfull person som vet när det är dags att sluta prata.

3. Tala säkert (Tänk efter innan du talar)

Polisfrasen "Allt du säger kan komma att användas mot dig" som man så ofta får höra i amerikanska filmer gäller i allra högsta grad på en arbetsplats. Du har säkert en liten krets av nära vänner som du litar på och som du kan vara mer öppen och ärlig med. Men så fort du talar med någon utanför denna krets, även om det du säger är "i förtroende", bör du hålla i åtanke att allting du säger kan (och förmodligen *kommer*) att föras vidare till varenda en — speciellt om det har sensationsvärde. En bra regel är alltså att aldrig säga något till någon utanför din innersta vänkrets som du inte hade velat posta på företagets anslagstavla! Av samma anledning bör du alltid tala konsekvent. Säg inte en sak till en person och en annan sak till någon annan, för då kommer du i slutänden att framstå som falsk och en lögnare.

4. Tips för nyanställda (Hur man blir accepterad av gruppen)

Som nyanställd blir man ofta "en i gänget" direkt och man känner sig därför också accepterad av gruppen direkt; och det är man också — åtminstone på en rent praktisk och ytligt social nivå. Men det mänskliga psyket är mer komplext än så, och det krävs oftast tid för att bli accepterad på en *djupare* social nivå. Välkomnas du "officiellt" direkt beror det nämligen mest på social artighet och att gruppen känner sig tvingad psykologiskt av företaget att göra det. Därmed inte sagt att detta är fel. Det är tvärtom nödvändigt rent praktiskt att nyanställda känner sig välkomna och som en i gänget direkt. Vad jag menar är att dagens civiliserade samhälle skiljer sig dramatiskt från hur samhället såg ut för tusentals år sedan, och "omedelbar acceptans" är egentligen onaturligt för människan sett ur ett psykologiskt evolutionsperspektiv. Sanningen är att gruppen inte kommer att acceptera dig till fullo, på en djupare social nivå, förrän de känner att du verkligen är en av dem.

Vad du säger och gör under dina första veckor eller till och med månader kommer därför med säkerhet att granskas och diskuteras inom gruppen. Detta är djupt rotade överlevnadsinstinkter hos människan; det ökar nämligen gruppens chans till överlevnad om de enskilda individerna i den känner till så mycket som möjligt om "främlingar" — vilket du mycket väl kan komma att betraktas som under den första tiden, åtminstone på en omedveten nivå.

Tänk alltså på att det tar tid att bli fullt accepterad av gruppen. Sköt ditt jobb, håll en relativt låg profil, håll ordning bland dina saker, uppför dig propert och artigt (utan att överdriva), lär dig vad dina kollegor heter, och studera gruppen så att du ser vilka outtalade regler som gäller. (Ett tips är att prata med dem som jobbat där längst, så kan du snappa upp diverse tips.) Kritik och förslag på förändringar och förbättringar bör du normalt sett vänta med i det här skedet (om inte det gäller något av större vikt förstås). Om du pratar för mycket kan du komma att uppfattas som överdrivet självsäker, vilket somliga (omedvetet) kan tolka som att du försöker ta över rent socialt och psykologiskt. Om du å andra sidan är för tystlåten kan de få uppfattningen att du inte tycker de är "fina nog" att prata med.

Kort sagt: Allt du säger och gör kommer att granskas av gruppen innan de "godkänner" dig på ett djupare plan. ("Slutgodkännandet" är dock inget gruppen direkt fattar ett beslut om utan det sker på ett mer eller mindre omedvetet och outtalat plan.)

5. Respektera dina kollegor (Annars respekterar de inte dig)

Behandla alla med tillbörlig respekt. Det spelar ingen roll om du är anställd eller chef. Och det spelar definitivt ingen roll om personen du *talar* med är chef eller ej. Att behandla folk olika beroende på deras "status" kan visserligen ge dig kortsiktiga vinster, men folk kommer ganska snart att märka din ytliga och respektlösa attityd och mer eller mindre frysa ut dig socialt.

Ordet respekt innefattar också att acceptera någon som de är, utan att försöka förändra dem. Att respektera sina kollegor innebär att tillåta dem vara sig själva, att tänka och tycka vad de vill, att ha vilka politiska och religiösa åsikter de vill och att tycka om och ogilla vad de vill (så länge som det inte påverkar jobbet negativt eller är rent olagligt). Alla mår mycket bättre om de får vara sig själva. Och om folk mår bättre blir de också bättre som kollegor.

6. Hur man rapporterar en kollega till chefen (Utan att förlora sin nattsömn)

Att rapportera en kollega som medvetet bryter mot företagets regler kan vara ett moraliskt dilemma. Om du rapporterar dem kan det kännas som att du sviker dem. Och om du inte gör det skyddar du indirekt någon som medvetet struntar i att handla i gruppens bästa intresse — och på så sätt sviker du alla andra, inklusive dig själv.

Här måste du tänka på att om han eller hon negligerar sina arbetsuppgifter drar de faktiskt ner resten av gruppen och hela företaget. Och om du inte rapporterar dem riskerar även *du* att aktivt bidra till att försätta gruppen och företaget i fara.

Det är dock en god idé att ge personen en rättvis chans innan du rapporterar dem. Du kan börja med att prata diskret med dina kollegor en och en och ta reda på ifall de också har problem med personen ifråga. Om så är fallet, fråga hur de brukar lösa det. Om det visar sig att ingen har lyckats handskas med situationen på ett tillfredsställande sätt kan ni tillsammans ta upp det med den ansvarige chefen. Det är trots allt chefens jobb att lösa sådana här problem.

Om det bara verkar vara du som har problem med personen ifråga, ta då upp det med dem mellan fyra ögon och förklara problemet. Om det inte hjälper, säg då att du vill anordna ett möte tillsammans med er chef för att lösa problemet. Om personen fortfarande vägrar, säg då krasst, "Jaha, då är jag tyvärr tvungen att ta upp det med chefen själv." (Genom att använda ordet tvungen tar du automatiskt bort ansvaret från dig själv.) Har ni inte samma chef får du ta upp det med din chef först, så får din chef i sin tur ta upp det med den andra personens chef.

Får du fortfarande dåligt samvete vid tanken att rapportera någon, tänk då på att du har gjort allt du kunnat för att lösa problemet *utan* att involvera chefen. Du har försökt prata med dem, och sagt att du nu blir tvungen att ta upp det med chefen. Och genom att vägra att gå med på dina förslag har de med all önskvärd tydlighet visat att de inte bryr sig om dig eller dina behov — och med den logiken talar de ju samtidigt om för dig att du inte heller behöver bry dig om *dem*. Eller hur?

7. Var din egen värste kritiker (Annars blir någon annan det)

En del regimer har använt sig av listiga metoder för att inte bara styra folkmassornas åsikter utan även kritikernas. Det gick till på så sätt att regimen helt enkelt skapade sina egna kritiker. Dessa var naturligtvis inga riktiga kritiker utan statsanställda och statsstyrda "kritiker" som folket kunde lyssna på. (Ja, bokstavligt talat *kunde* lyssna på eftersom regimen såg till att de var de enda som kunde läsas, höras och synas i den likaledes statsstyrda media.) På grund av att dessa regimer hade kontroll över vad dessa "kritiker" sade blev deras "argument" naturligtvis lätta att motbevisa. Så i verkligheten hade regimen 100 procent kontroll över folkets åsikter. De sanna kritikerna — de som hade *äkta* argument som regimen hade svårt att motbevisa — tystades naturligtvis ned på olika sätt. Grundprincipen som dessa regimer använder är enkel: Om du kontrollerar kritikernas åsikter så kontrollerar du också folkets åsikter.

Och hur kan detta tillämpas på en arbetsplats? Jo, vi har alla våra svaga punkter, och på en arbetsplats måste du själv vara den som är mest medveten om dina egna svagheter och också vara den som är först ut med att erkänna dem, speciellt om du gjort ett misstag. Skulle du begå ett misstag, erkänn det då direkt och utan omsvep. Om du försöker dölja det kommer de flesta ändå att få reda på det förr eller senare, och då kommer du att framstå som en lögnare eller i alla fall som någon som försöker komma undan. (Titta bara på hur tidningar älskar att skriva om smitare, fuskare, lögnare, etcetera.) Det är bra att vara lite arg på sig själv i ett sådan här läge; men överdriv inte och få det framför allt inte att framstå som att du tycker synd om dig själv. Avsluta med att säga att du kommer att vidta den och den åtgärden för att det inte ska upprepas.

Om du följer dessa steg kommer *du själv* att ha kontrollen. Förutsatt att du varit grundlig i din offentliga självrannsakan finns det inget kvar att säga för de andra eftersom du redan sagt allt själv; inte ens om du skulle ha ovänner eller fiender på jobbet, för det enda de kan göra är att upprepa det du redan sagt, och till vilken nytta?

Du visar då att du är fullt medveten om dig själv och dina begränsningar och att du tar fullt ansvar. Det lugnar samtidigt chefen och ger honom förtroende för dig. Skulle du känna att du inte till fullo kan kontrollera ett förväntat resultat eller du vet med dig att något kommer att gå fel måste du dock informera chefen direkt. Ligg alltid ett steg före allt och alla.

8. Bli vän med Den Mäktige Opinionsspridaren (Eller riskera att han talar illa om dig)

Alla arbetsplatser har vanligtvis en eller flera "opinionsspridare" — personer som mer än gärna sprider sin åsikt om allt och alla, inklusive dig. I vilken grad andra faktiskt lyssnar på dem eller bryr sig om vad de säger varierar dock naturligtvis. Att göra sig vän med en opinionsspridare vars åsikter ingen bryr sig om ger dig naturligtvis inga sociala fördelar på jobbet (såvida du inte gillar dem personligen eller har gemensamma intressen). Tvärtom kommer folk förmodligen istället att sätta samma etikett på dig som på dem: En irriterande pratkvarn som bäst undvikes.

Att göra sig vän med en *mäktig* opinionsspridare — någon som folk faktiskt lyssnar på och tar på allvar — kan däremot vara ett väldigt smart socialt drag. Han eller hon kommer då med all säkerhet att bara tala väl om dig inför andra, och han håller dig samtidigt a jour med allt som händer. Om du däremot kommer *på kant* med samma opinionsspridare kan det skapa stora sociala problem för dig i och med att han på gott och ont är jobbets "media" som alla lyssnar på.

Att göra sig vän med någon av dessa skäl kan naturligtvis uppfattas som kontroversiellt. En del tycker det är smart, medan andra tycker det är oärligt och manipulerande. Och båda har säkert rätt på sitt sätt. Nu handlar denna bok dock inte om vad som är moraliskt (och vem vore jag att bestämma vad som är moraliskt rätt??) utan vad som faktiskt fungerar. Jag säger inte vad du ska göra utan ger dig bara metoden och sedan får du själv avgöra. Håll i åtanke att vad du än väljer finns det ingen "neutral zon" för en mäktig opinionsspridare. Antingen är du vän eller är du "lovligt byte".

Om du skulle besluta dig för att göra dig vän med en mäktig opinionsspridare finns det även här "smarta" sätt att göra det på. Om du "smörar" och fjäskar kommer de antagligen att tala om just det för alla! Det är bättre och ärligare att hitta ett gemensamt intresse — det kan vara vad som helst som du lägger märke till, allt från deras val av kaffe eller te till fritidsintressen eller musiksmak. Om du inte hittar något direkt gemensamt, exempelvis musiksmaken, kan du ändå skrida vidare genom att exempelvis säga, "Aha, du gillar den gruppen, ja, själv gillar jag..." På så sätt visar du i alla fall att du är intresserad av musik, eller vad det nu är. Knepet här är alltså att du hittar *någonting* som du sedan kan spinna vidare på.

Ett annat bra sätt är att be dem om råd. Det visar att du sätter värde på deras åsikt eller kunskap. Du kan till och med kalla det för deras "expertis" — vem gillar inte att bli betraktad som expert? Se dock till att du bara frågar dem om något som de verkar veta mer om än de flesta, annars framstår det som rent fjäsk. Och fråga bara om sådant du verkligen är intresserad av att veta, annars kommer ditt kroppsspråk att obönhörligen avslöja ditt ointresse. När du lyssnar ska du hålla stadig ögonkontakt men på ett avslappnat sätt utan att stirra, hålla ögonen en aning mer öppna än normalt, le lätt och nicka då och då utan att avbryta. Då kommer de att se dig som en genuint intresserad person och förhoppningsvis själva vilja utveckla en närmare vänskap. Goda lyssnare är nämligen inte så lätt att hitta i dagens samhälle, särskilt inte för opinionsspridare som av naturen älskar att prata. I och med att de säkert vill behålla dig som vän är det dessutom osannolikt att de någonsin kommer att säga något negativt om dig till andra :)

Bonuskapitel 2

Att handskas med kritik

Att handskas med kritik

Att få negativ kritik är sällan speciellt kul. Och sedan må den vara hur välmenad som helst. Är man extra känslig känner man också av kritik mer än de flesta. Det svider lite mer, och lite längre. Detta bonuskapitel syftar till att upplysa om hur man ger kritik på rätt sätt, både på jobbet och i en privat relation.

Varför gör det ont att få kritik?

Många associerar kritik med någonting negativt. Men hur uppstod begreppet kritik egentligen? Varför började människor kritisera varandra överhuvudtaget?

Kritik har faktiskt alltid varit en nödvändighet i människans utveckling. Ända sedan människan slog sig samman i grupper har deras överlevnad varit beroende av att varje enskild individ betett sig "korrekt". Om någon i gruppen inte följde gruppens regler — om de till exempel råkade somna när de hade som uppgift att hålla utkik efter faror, eller förstörde mat genom att förvara det på fel sätt, eller inte höll sig absolut tyst om ett stort rovdjur närmade sig gruppen — ja, då försatte de faktiskt hela gruppen i fara. Som en följd därav riskerar de att stötas bort av gruppen; och utan stöd från gruppen dog man vanligtvis relativt snabbt av en av de många faror som en ensam människa var utsatt för på den tiden.

I vårt moderna samhälle används kritik oftast i två helt andra sammanhang: På jobbet och i romantiska relationer. Skälet till att kritik på jobbet eller i en relation kan kännas på en så djup nivå är att hjärnan och ditt undermedvetna fortfarande ser på det hela ur ren överlevnadsaspekt — ekonomisk överlevnad (jobbet) och fortplantning (äktenskap). Ditt undermedvetna betraktar fortfarande både dina arbetskollegor och din eventuella familj som en grupp; och ditt undermedvetna betraktar fortfarande "gruppacceptans" som ditt enda sätt att överleva. Ditt undermedvetna sätter alltså ett likhetstecken mellan kritik och risk att uteslutas ur gruppen — vilket ju innebär en nära förestående död för din del. Och inget är mer skrämmande för ditt undermedvetna än döden!

Kritik kan också göra ont ifall ditt undermedvetna (som minns precis allting) kopplar ihop kritiken med något som någon sade till dig för länge sedan, kanske till och med så långt tillbaks i tiden som din barndom. Det finns ingen tid i det undermedvetna; och ditt undermedvetna står i direkt förbindelse med din kropp. Så om du känner en negativ känsla eller förnimmelse i exempelvis magen eller bröstet kan det faktiskt bero på att en gammal händelse har "utlösts" i ditt undermedvetna — en händelse som påminner om det du nu står inför och som återigen ger dig samma känsla av att vara värdelös. Det är av den anledningen som kritik ofta utlöser "barnsliga" försvarsreaktioner — för det är precis vad det är!

Visst, det är aldrig speciellt kul att bli kritiserad. Och visst, det stämmer att en del kritik faktiskt i längden kan medföra att man blir av med jobbet eller sin livspartner. Men faktum är att kritik i de allra flesta fall bara syftar till att få saker och ting att förlöpa smidigare på jobbet eller i ett förhållande; och i förlängningen till att alla får behålla sitt jobb eller livspartner.

Det enda sättet att undvika all form av negativ kritik är egentligen att aldrig göra eller säga något som kan betraktas som annorlunda eller som kan tänkas sticka ut ur mängden, och att aldrig framföra en stark åsikt om någonting alls! Som vuxna måste vi vara medvetna om detta och försöka lära oss något av eventuell kritik som framförs mot oss. Det handlar inte om att erkänna att man hade fel. Det handlar om att eventuellt ändra sitt beteende så att man får ett bättre resultat. Oavsett vad eller vem som fick dig att förändra dig på något sätt, betyder det egentligen att du nu har mer rätt än du hade innan — och detta något eller någon har faktiskt hjälpt dig på traven.

Hur man framför kritik på ett bra sätt

Som anställd bör du tåla en viss grad av kritik. Du har ju trots allt betalt för att göra ett jobb; och om din chef eller någon arbetskollega anser att du inte utför ditt jobb korrekt eller att det skulle kunna utföras på ett bättre sätt så har de faktiskt rätt att påpeka det. Att kritisera på ett *dåligt* sätt kan däremot lätt ge upphov till sårade känslor. För en chef kan det också skapa fiender bland de underställda — fiender som sedan gör vad de kan för att sätta käppar i hjulet för chefen. Det är helt enkelt väldigt osmart att kritisera på ett dåligt sätt.

Även i de mest kärleksfulla förhållanden finns det ibland en anledning att be din partner ändra sitt beteende. Men i en personlig relation är det lite annorlunda; du är ju inte anställd utan (förhoppningsvis) i ett jämställt förhållande där era åsikter har lika värde. Somliga är mer känsliga än andra, och du bör fundera på om just du är extra känslig. Se logiskt och rationellt på kritiken, använd sunt förnuft och gott omdöme, fråga dina närmaste vänner vad de anser, och få på så sätt ett bra perspektiv på det hela.

Hur skiljer man då på kritik som framförs på ett bra sätt och som framförs på ett dåligt sätt? Här är en lista du kan använda dig av:

Är kritiken objektiv eller subjektiv?

Är kritiken välgrundad eller ogrundad?

Är kritiken konstruktiv eller destruktiv?

Är kritiken direkt eller indirekt?

Objektiv kritik är grundad på objektiv, opartisk observation. *Subjektiv* kritik å andra sidan grundas på dina personliga värderingar och åsikter om vad som är rätt och fel och bra eller dåligt, och på generaliseringar eller överdrifter som "Du kommer *alltid* för sent".

Välgrundad kritik innebär att det finns grund för kritiken; att den är saklig och kommer från någon som är väl insatt i läget. *Ogrundad* kritik innebär att den var oförtjänt; att det inte var just den personens fel eller att kritiken baserades på rykten. Det är av yttersta vikt att känna till eller ta reda på fakta innan man kritiserar. Oförtjänt kritik glömmer man nämligen inte i första taget, för på ett omedvetet plan påminns man om tidigare tillfällen i livet när man blev oförtjänt beskylld för någonting, och det kan lätt orsaka sårade känslor och ett starkt ogillande mot personen som kritiserar.

Konstruktiv kritik syftar till att få dig att växa, utvecklas, ta större ansvar och bli bättre på det du gör. Du vet att kritik du får är konstruktiv när personen fokuserar på hur du kan göra något på ett bättre sätt, snarare än på vad du gjort fel, och att du trots kritiken känner dig okej efteråt. Ett annat tecken är om kritiken framförs med ett trevligt leende så att du tar kritiken som ett gott råd i all vänlighet och inte som ett personligt angrepp. *Destruktiv* kritik å andra sidan är avsedd att få dig att känna dig liten, obetydlig och illa till mods, och för att andra ska höra den. Ibland innefattar det subjektiva, irrelevanta påpekanden om ditt utseende, ditt klädval eller hur "impopulär du är på jobbet". Människor som ger destruktiv kritik gör ofta så för att kompensera sin egen låga självkänsla; deras kritik får nämligen andra att känna sig sämre till mods och då känner de sig själva bättre. Du måste vara medveten om vilken typ av person du har att göra med, och bara bry dig om konstruktiv kritik.

Direkt kritik framförs genom att säga precis vad du menar, utan någon risk för att det du säger ska missuppfattas eller tas som ett skämt. *Indirekt* eller antydd kritik kan framföras via kroppsspråk eller ansiktsuttryck, exempelvis genom att sucka eller rulla med ögonen. Andra former av indirekt/antydd kritik är att klaga till andra istället för direkt till personen man vill kritisera, "skämtsamma" antydningar som "Jag hörde du verkligen fick sova ut idag", eller ironiska eller till och med sarkastiska kommentarer som, "Säg till om du behöver en personlig sekreterare nästa gång du planerar att bli sen med din rapport". Kort och gott: Såvida man inte känner varandra väldigt väl bör kritik alltid framföras så att mottagaren uppfattar kritiken rätt, och att det faktiskt rör sig om kritik och inte bara är ett skämt.

Hur man framför "ickevåldskritik"

Förutom ovanstående tips finns det en "formel" som rätt använd säkerställer att du verkligen får sagt det du vill få sagt — utan att såra någon. Denna kommunikationsformel utvecklades av Marshall B. Rosenberg och kallas på engelska NVC (Nonviolent Communication, vilket på svenska blir ungefär "ickevåldskommunikation"). Enligt NVC bör korrekt framförd kritik ha fyra delar: Observera fakta, berätta hur du känner, berätta vilka dina behov i sammanhanget är och berätta vilka dina krav i sammanhanget är. Den andra delen, att berätta hur du känner, är ett viktigt steg om kritiken gäller en privat relation. Om det gäller en arbetsplatsrelaterad situation rekommenderar jag dock inte alltid att berätta hur du känner; det beror på om det känns naturligt för dig eller ej.

Låt oss säga att en av dina arbetskollegor har kommit för sent till jobbet inte mindre än tre gånger de senaste två veckorna. Ett exempel på ett dåligt sätt att kritisera vore att säga, "Du är alltid sen! Det är bara idioter som är så egoistiska som du!" Detta är ett dåligt sätt att kritisera av flera anledningar. För det första, att säga "alltid sen" är en generalisering och en överdrift, så det är subjektiv kritik, inte objektiv. För det andra, att använda sig av ord som idiot och egoistisk är inte bara nedlåtande och förolämpande utan återigen subjektivt, inte objektivt. Det grundar sig helt enkelt inte på bevisbara fakta. Det enda du möjligen åstadkommer med denna form av kritik är att du (tillfälligt) får utlopp för din egen ilska och frustration. Men till vilket pris?

Ett mycket bättre sätt att förmedla kritik är att använda NVC-metoden och exempelvis säga, "Du har kommit minst 20 minuter för sent tre gånger de senaste två veckorna. Det gör mig och dina andra kollegor arga och frustrerade. Vi är ju beroende av varandra, så *du* måste komma i tid så att vi kan avsluta *våra* jobb i tid. Vi vill därför att du verkligen anstränger dig att komma i tid i fortsättningen. Om du har problem som gör att du har svårt att komma i tid så finns vi här och lyssnar gärna på dig så kan vi kanske tillsammans hitta en lösning." Här kan du se att alla fyra delarna var med: Observera fakta, berätta hur du känner, berätta vilka dina behov i sammanhanget är och berätta vilka dina krav i sammanhanget är.

Dåligt framförd kritik

Det är vissa saker du måste tänka på innan du antar att någon har framfört kritik mot dig på ett dåligt sätt. Även om kritiken kanske fick dig att känna dig illa till mods, och även om du upplevde att sättet att framföra det på var onödigt bryskt, så *kan* det faktiskt vara ett klumpigt eller skämtsamt försök att ge dig ett råd i all vänlighet. Det är också möjligt att det helt enkelt är så just den personen brukar prata eller har lärt sig att prata från sina föräldrar. Folk är inte alltid medvetna om vilken effekt deras sätt har på andra. Ingen är felfri, och ibland kan folk ha svårt att se sina egna fel och brister; och de kan till och med bli chockade när de inser att de faktiskt sårat någon med sitt sätt.

Om någon på jobbet eller i ditt privata liv har gett dig kritik och du känner dig osäker på om det är konstruktiv eller destruktiv kritik kan du helt enkelt fråga dem vad dem menar; chanserna är goda att de är mer öppna och direkta mot dig nästa gång.

Om du fortfarande inte känner dig säker på om de menar det som kritik eller som ett skämt, eller är osäker på deras avsikt på annat sätt, kan du vända på steken och kritisera *dem* istället. Så här gör du: Hitta först ett giltigt skäl att kritisera dem. Det kan vara något bagatellartat eller något stort, det spelar ingen roll. Framför sedan din kritik (du kan använda samma röstläge och kroppsspråk som de själva använder när de kritiserar dig) och *observera hur de reagerar på din kritik*. Märk väl att detta gör du inte som "hämnd". Du gör det för att kunna studera hur de reagerar när *de själva* utsätts för kritik. Deras reaktion berättar faktiskt en hel del om dem. Om de lyssnar på dig med öppet sinne och inte reagerar defensivt kan du vara tämligen säker på att de själva har goda föresatser när de kritiserar dig. (Eller att de åtminstone ger en logisk förklararing på varför din kritik inte är till någon hjälp för dem.) Men om de omedelbart börjar försvara sig med näbbar och klor och blir arga och vägrar att lyssna på dig är det ganska uppenbart att de själva inte är bra på att ta kritik. Med utgångspunkt från det kan du fundera på huruvida deras egen kritik av dig är konstruktiv eller destruktiv samt i vilken utsträckning du bör lyssna på dem.

Om personen kritiserar dig offentligt och du inte vet om det är avsett som konstruktivt kritik så *kan* du fråga dem direkt. Men det kan vara klokare att vänta med att fråga tills du är ensam med personen; då har de inget behov av att försvara sig inför alla åskådare och du får säkerligen ett ärligare svar från dem. Om de då säger att de aldrig hade för avsikt att såra dig och att de egentligen menade det och det, kan du ha besparat dig en massa onödigt besvär — och kanske till och med vunnit en vän, vem vet?

Om det står klart för dig att personen kritiserar dig på ett dåligt sätt bör du påpeka det och berätta exakt vad du tycker är fel. (Ja, du kritiserar då faktiskt deras kritik!) Du kan även använda dig av NVC när du gör detta. Ett exempel: "När du kallade mig för idiot för att jag var sen kände jag mig faktiskt riktigt sårad och arg. Även om jag var sen så behöver jag ändå känna mig respekterad, speciellt när mina kollegor hör det. Så jag skulle verkligen uppskatta om du inte kallade mig för nedsättande saker nästa gång. Tack."

Tänk på att framföra detta på ett respektfullt sätt — lika respektfullt som du själv skulle vilja få kritik på. Om du talar med vänlig röst så ökar dina chanser att personen ändrar sitt beteende.

Det kan naturligtvis vara svårare att kräva detta av en kollega än en chef, som ju borde veta bättre än att kritisera på ett dåligt sätt. Samtidigt bör du naturligtvis vara försiktig när du har med en chef att göra. Använd gott omdöme och sunt förnuft. Å andra sidan borde varje professionell och smart chef följa dessa regler utan att behöva bli ombedd eller påmind om det.

Slutord

Att ge och ta kritik på rätt sätt är en fin balansgång. Nu har du fått en hel del bra riktlinjer du kan följa för att du själv och andra ska slippa bli upprörda, ledsna eller sårade när kritik framförs.

Med ditt sätt och dina ord lär du indirekt folk hur du vill att de ska behandla dig. Därför bör du redan från början ange tonen och markera att deras beteende inte är okej, så att deras respektlösa beteende inte blir en vana för dem. För du har rätt att bli behandlad med respekt.

Allra sist vill jag säga att det krävs kunskap för att ge kritik på rätt sätt, men ingen kunskap alls för att kritisera på ett dåligt sätt.

En kort självbiografi

Så länge jag kan minnas har jag slukat böcker om populärvetenskap, populärpsykologi, filosofi, oförklarliga mysterier, kroppsspråk, positivt tänkande, hypnos, sinnets okända krafter, meditation, inre balans, healing, reflexologi — ja i stort sett allt som vidgade min inre värld och förklarade den yttre världen. Jag har alltid varit en fritänkare och inte haft något större intresse (och säkert inte heller tillräckligt tålamod!) för en formell psykologutbildning. Jag har alltid varit mer intresserad av kunskap som ligger utanför det de flesta skolor och utbildningar erbjuder: Strategiskt tänkande, psykologisk taktik och mentala knep, allt för att kunna handskas med besvärliga personer och situationer.

Jag tror att mitt intresse för inre balans och välmående delvis härrör från det faktum att jag tillhör den relativt stora skaran högkänslig person. Detta är ett medfött personlighetsdrag som delas av 15-20 procent av alla människor. Det innebär bland annat att det alltid har varit viktigt för mig att alla mår bra och behandlar varandra med respekt, och att jag på gott och på ont "känner av" konflikter mer än de flesta. Synskhet i olika former förekommer också på båda mina föräldrars sida. Min fars mormor Hilda var byns helbrägdagörerska och botade sjuka. Dessutom är jag ansiktsblind (den medicinska benämningen är prosopagnosi) och jag känner normalt sett inte igen personer förrän jag träffat dem ett flertal gånger —

åtminstone betydligt fler gånger än de allra flesta behöver för att känna igen någon. Istället har jag en tendens att tona in på personers känslolägen. Jag får ett slags emotionellt intryck som minnesbild istället för ansiktet. När folk berättar vad de tycker om eller inte tycker om brukar det också etsa sig fast i mitt minne, vare sig det rör sig om att någon gillar päronsmak, ogillar gröt eller älskar någon speciell film eller musikartist.

År 2010 fick mitt intresse för självförbättring en ny skjuts och jag började gå kurser och distanskurser i kroppsspråk, ansiktsuttryck, NLP (neurolingvistisk programmering), konflikthantering, life coaching, EFT (Emotional Freedom Techniques), attraktionslagen, hypnos, energimedicin, meditation, etcetera, samt olika former av självförsvar och närkamp. Alla dessa tekniker var som version 2,0 av allt jag hade studerat tidigare och gav mig en massa användbar kunskap om livet. Sedan 2011 arbetar jag också som deltidsinstruktör och lärare i flera av dessa tekniker. Den 1 november 2012 gav jag ut min första bok på engelska, och fler har följt efter det. Det kanske låter som om jag vill kunna precis allting men i själva verket är jag bara outtröttligt nyfiken på allt som kan förbättra mitt och andras liv. Att ha en bred kunskap ger ett vidare perspektiv på saker och ting och man ser hur allting hänger samman. Ytterst sett handlar det också om inre frid kontra styrka och kraft (yin och yang). Utan båda har du varken eller. Utan inre frid kan du inte till fullo njuta av din styrka och kraft, och utan styrka och kraft kan du inte försvara din inre frid.

Jonas Wårstad på nätet

www.jonaswarstad.com

Här hittar du information om mina böcker och de olika kurser jag tillhandahåller, bland annat självförsvar, att läsa kroppsspråk och ansiktsuttryck, konflikthantering, meditation, avslappning och attraktionslagen.

http://www.discog.info/

Min internationella sida som musikälskare. Här finns diskografier över alla grupper och artister jag lärt mig älska sedan jag var gammal nog att uppskatta musik.

Kontakta mig

Du kan nå mig via epost, info@jonaswarstad.com eller discoginfo@yahoo.com. Det går också bra att kontakta mig via facebook. Jag har två facebook-sidor. En svensk (Jonas Wårstad) och en författarsida för min engelsktalande publik (Jonas Warstad).

PS

Om du tyckte om min bok hade jag uppskattat stort om du tog dig tid att skriva en liten recension och/eller berätta om den på sociala medier. Eventuella tips om förbättringar lovar jag också att läsa med öppet sinne. Denna bok är ju när allt kommer omkring till för Dig, läsaren.